樹木別に配植プランがわかる

# 植栽大図鑑

TREES AND PLANTS ENCYCLOPEDIA

[改訂版]

山﨑誠子 著
MASAKO YAMAZAKI

X-Knowledge

# はじめに │ Introduction

「庭に緑を入れたいのだけど、植栽デザインはさっぱりわからない。でも、山﨑さんにデザインを頼むほどの広い空間ではないので……」という、依頼とも相談ともつかない電話をしばしば受けます。

---

住まい手にとっては念願のマイホーム。効率を考えて敷地いっぱいに建物を建てたい。だから、庭と呼べそうなスペースはわずかしかない。でもそのわずかなスペースになんとか緑を入れて、住まい手にとって少しでも快適な空間をつくってあげたい、という建築家の思いなのでしょう。

---

こんな電話をもらうと、こちらも(ついうっかり)敷地の条件や住まい手や建築家がどんな緑を求めているのか質問してしまいます。「そこはどのくらい広いの?」「日当たりはいいの?」といった敷地環境や、「住まい手はどんなテイストが好きなの?」「観賞用の庭なの?」「何かを育てる庭なの?」「家のシンボルになるような場所にしたいの?」などのデザインの方向性、「手入れはどう考えているの?」といった管理方法などです。そして、気がつくと2-3種類の樹木の名前を挙げ、そのくらいだと工事費はこれくらい用意しておいたほうがいいよというやりとりに進み、最後は、「ありがとう相談料(デザイン料?)は夕飯おごりで!」という感謝の言葉をもらって電話が切られるといった、なんとも植栽デザイナー泣かせな話に落ち着きます。

---

こんなふうに植栽について気軽に相談できる人が身近にいない人は、いったいどんなふうに植栽デザインを考えているのでしょうか。そんな疑問がこの本を編むきっかけになりました。

---

何からはじめたらよいかわからず、とりあえず植物図鑑をパラパラめくって樹種をなんとなく決めている。でも、樹木は植えたらそれで終わりではありません。生き物ですから変化します。四季に変化し、年を重ねるごとに生長します。小さな空間であればこそ、そのことを意識して植えないと、せっかく植えた樹木が枯れてしまったり、うっそうと茂った樹木の枝葉のせいで部屋が暗くなったりと、はじめに描いていたイメージとは違う空間になってしまいます。

---

樹木にあまり知識のない人たちでも、「理にかなった」植栽デザインができるようなるために必要な情報を提供する。これが本書の基本スタンスです。

---

理にかなったというのがポイントです。樹木の特性を把握して、適切な種類と量の緑を入れ、樹木がそこで快適に生長することができる環境をデザインすることが、住まい手はもちろん、地域にとっても、地球にとってもいい空間をつくることになると思います。

---

改訂版がでるとは思いもよりませんでした。ますます、緑をデザインしてみたいと思う方々に役立つようにと、願うばかりです。


2019年4月

山﨑誠子

# 目 次 | Contents

| | |
|---|---|
| はじめに | 002 |
| **4ステップでできる!**<br>**植栽デザイン㊙テクニック** | 004 |
| **目的別に選ぶ!**<br>**メインツリーインデックス** | 008 |
| 本書の使い方 | 012 |
| 樹種索引 | 200 |

# 中木・高木図鑑

## 常緑樹

| | |
|---|---|
| **常緑針葉樹** | 014 |
| **常緑広葉樹** | 032 |

## 落葉樹

| | |
|---|---|
| **落葉針葉樹** | 096 |
| **落葉広葉樹** | 098 |

## 特殊樹木（タケ類／ヤシ類）

| | |
|---|---|
| **特殊樹木** | 196 |

［装丁］刈谷悠三＋角田奈央 | neucitora

## 4ステップでできる!

# 植栽デザイン㊙テクニック

Planting Design Secret Technique

庭の植栽をデザインしたいのだけど、
なにからはじめればよいのか
皆目見当がつかない、
という人は少なくないのでは。
あれこれと適当に樹を選んで、
配置して、
出来上がった図面(配植図)をみると
いろんな樹木が漫然と入ってしまい
なんともまとまりのない庭になってしまった……
なんて経験をしたことのある人もいるでしょう。
よい植栽デザインには
ちょっとしたコツがあります。
それさえ押さえれば、
誰でもまとまりのある庭を
デザインすることが可能なのです。

## SIZE

## ［ステップ──1］
# 樹木の大きさを決める

植栽デザインをするさいにはじめに決めることは、そのスペースにどのくらいの大きさ(樹高)の樹木を植えるかということです。

『植物図鑑』などをみると、庭木としてよく使われている樹木のはずなのに「樹高15m」などと書かれていることがあります。でも、さすがに15mなんて樹は大きな公園やよほど敷地が広くないと、植栽には無理だと考えてしまいますよね。じつは、このときの樹高とは自生した環境で生長した、いわゆる自然木の平均的な高さを意味しています。

植栽デザインで重要になる「大きさ」とは、庭木として使用したときにどのくらいの高さで形が整い、鑑賞性が高まるかという目安の高さです。もちろん、樹木は生き物です。環境が整えば庭木でもどんどんと生長して大きくなります。したがって、デザイン上の樹高に合わせるためには、剪定による管理が必要となります。

樹木の高さを分類する方法はさまざまです。たとえば、よく使われる「高木」「中木」といった区分も参考とする図鑑によってもその範囲が異なります。そこで本書では、以下のような高さの分類を採用しています。

---

**本書における樹高の分類**

- 高木｜3mくらいで形がまとまる
- 中木｜2mくらいで形がまとまる
- 低木｜0.6mくらいで形がまとまる
- 地被｜下草、シバ、タケ・ササ類

# 1

では、実際に植える樹木の高さを決めていきます。このとき重要なのは何階の居室からその庭を鑑賞するのかということです。たとえば、1階のリビングから庭を眺めたとき、3m以上で形がまとまる樹木では、幹か下枝ばかりが目につき、樹木全体の形を楽しむことができません。逆に2階から庭を見るようなシチュエーションで、低くまとまる樹で庭を構成してもその樹の魅力は半減してしまいます。

通常、1階からの鑑賞に適している樹は3m前後でまとまる中木−高木、2階からの鑑賞に適している樹は3m以上で形がまとまる高木、となります。

---

### 階と樹高の関係

- 2階の部屋から庭木を鑑賞：
  樹高3m以上の高木
- 1階の部屋から庭木を鑑賞：
  樹高2-3mくらいの中木・高木

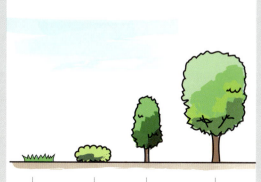

［樹木の高さの基準の比較］

| 地被 | 低木 | 中木 | 高木 |
| --- | --- | --- | --- |
| 0.1-0.3m | 0.5-1.2m | 1.5-2.5m | 3m- |

# NUMBERS

## ［ステップ──2］
## 植栽するスペースから植えられる樹木の数を決める

植える樹木の大きさが決まったら、次に緑地の広さを決定し、そのスペースに、どのくらいの高さの木が何本植えられるかを確認します。

樹木は、それぞれ生長するために必要なスペースが決まっており、一般に樹木は地上に出ている部分を支えるために、地上の枝張りと同じくらい根が張るといわれています。ただし、実際には樹木ごとにそのスペースが異なるため、厳密に必要なスペースを割り出してスペース配分をするには手間がかかります。

そこでここでは、さきほどの樹木の高さを基準にした目安をお教えします（地被はスペースを検討する必要はありません）。

---

### 樹高と必要スペース

| 樹高 | 必要なスペース |
| --- | --- |
| 高木 | 約1m$^2$ |
| 中木 | 約0.6m$^2$ |
| 低木 | 約0.3m$^2$ |

---

都市部の一般的な住宅の植栽スペースはだいたい2m$^2$くらいです。このスペースに植えられる樹木の目安は以下のとおりになります。

---

### 2m$^2$の敷地における樹木の組み合わせパターン

1 ── 高木2本
2 ── 高木1本＋中木1-2本
3 ── 高木1本＋中木1本＋低木1本
4 ── 高木1本＋低木3-4本
5 ── 中木3本
6 ── 中木2本＋低木2-3本
7 ── 中木1本＋低木4-5本

## MAIN TREE

[ステップ——3]
# メインツリー(主木)を決める

植えられる樹木の本数が決まったら、次にメインツリー(主木)を決めます。メインツリーとは、その庭の植栽デザインを決めるうえで中心的な役割をする樹木のことで、通常、中木か高木のなかから選びます。

住まい手のなかには、「この樹は必ず植えたい」と決まっている方もいます。もし、メインツリーがはっきりと決まっていない場合は、樹姿や花・実・紅葉といった季節の移り変わりなどを手掛かりに、住まい手が求めるイメージを聞きだして、それに合ったものを選ぶとよいでしょう。

また、生垣などの用途や、海辺や乾燥した土地などの敷地の環境によってメインツリーが選択される場合もあります。

以下にメインツリーを選ぶときに手がかりとなる主なテーマをまとめました。それぞれのテーマに合った樹木は008-011頁に掲載した「目的別に選ぶ!メインツリーインデックス」を活用して探してください。

---

**1│樹木の魅力から選ぶメインツリー**

花が楽しめる(季節・花)／紅葉が楽しめる／

実が楽しめる／樹形が楽しめる／和の風情が楽しめる

---

**2│用途・性質から選ぶメインツリー**

食材に使える／緑陰樹に使える／

生垣に使える／管理がしやすい／病害虫に強い／

生長が遅い／生長が早い

---

**3│敷地の条件から選ぶメインツリー**

乾燥に耐える／湿気に耐える／日照りに耐える／

日陰に耐える／やせ地で植えられる／潮風に耐える

## DESIGN

[ステップ——4]
# 樹木を配植(デザイン)する

樹の大きさやテーマが決まったら、いよいよ庭のデザインです。以下に植栽デザインの基本となる3つテクニックを紹介します。これらに注意しながら、実際に樹木を図面に配置してみましょう。

また本書では、014頁から始まる「中木・高木図鑑」に、それぞれの樹木をメインツリーとした庭のデザインの考え方とそのまま使える配植図を掲載しました。それをベースにアレンジしていただいても結構です。

---

**テクニック——1│樹木の配置は不規則にする**

庭を自然に仕上げるためには曲線や奇数、アシンメトリー、ランダムといった「不規則さ」を取り込むことが重要です。樹木はどの方向から見ても3本以上が直線に並ばないように幹の位置を決定します。感覚や大きさもできるだけそろえないようにしましょう。

逆に、幾何学的な庭を造りたい場合は、左右対称に配置したり、高さや形を揃えたりするとよいでしょう。

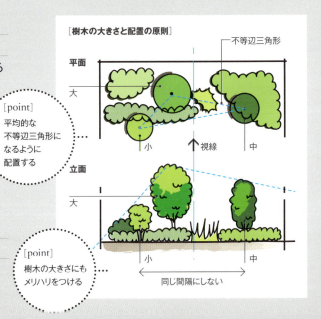

[樹木の大きさと配置の原則]

[point] 平均的な不等辺三角形になるように配置する

[point] 樹木の大きさにもメリハリをつける

### テクニック――2 | 極端な高低差をつける

並べる樹木の高さに極端な高低差をつけるとより自然なイメージとなるとともに、奥行き感が生まれます。また、庭のスペースの中央部の樹木をおさえて何もない空間をつくることで、庭はより広く感じられるようになります。

### テクニック――3 | 樹木の重なりは生長を考慮する

樹木を重ねるときは、前後では低木を手前、高木を奥に配置するのが原則です。左右は枝が触れ合う程度の距離を保つようにしましょう。

樹木は生長するため、植栽工事から3年後くらいに完成するイメージで重なりを考えるとよいでしょう。その樹木が3年後にどのくらい枝が張るかを考えて3年後に触れ合う程度になるように樹木の位置を決めます。

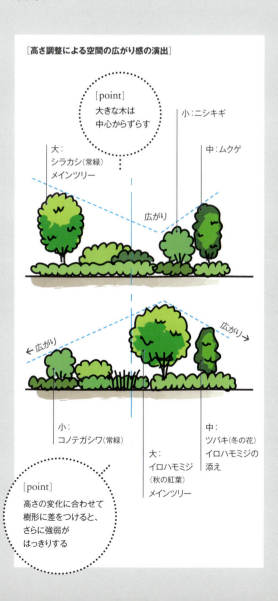

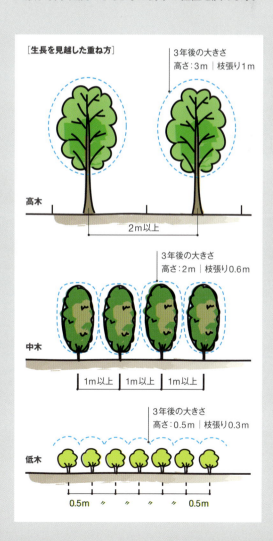

**目的別に選ぶ！**

# メインツリーインデックス

Main tree
index

## [1]──樹木の魅力から選ぶ

### 花が楽しめる（季節）

[春]●

アメリカザイフリボク-------104
ウメ-------114
エゴノキ-------116
カリン-------128
キリ-------130
コバノトネリコ-------138
コブシ-------140
サクラ類-------142
サンシュユ-------148
ハナカイドウ-------168
ハナズオウ-------170
ハナミズキ-------172
ハナモモ-------174
ヒトツバタゴ-------178
マンサク-------186
ミズキ-------188
ヤブデマリ-------190

[夏]●

アズキナシ-------102
アメリカデイゴ-------106
サルスベリ-------144
シマトネリコ-------056
トチノキ-------160
ナツツバキ-------162
ネムノキ-------166
ヒメシャラ-------180
ホソバタイサンボク-------076
ヤマボウシ-------192
リョウブ-------194

[秋]●

キンモクセイ-------042
サザンカ-------052

[冬]●

ビワ-------072
ヤブツバキ-------086

### 花が楽しめる（色）

[白]●

アズキナシ-------102
アメリカザイフリボク-------104
ウメ-------114
エゴノキ-------116
コバノトネリコ-------138
コブシ-------140
サクラ類-------142
サザンカ-------052
サルスベリ-------144
シマトネリコ-------056
トチノキ-------160
ナツツバキ-------162
ナツミカン-------068
ハナミズキ-------172
ヒトツバタゴ-------178
ヒメシャラ-------180
ホソバタイサンボク-------076
ミズキ-------188
ヤブツバキ-------086
ヤブデマリ-------190
ヤマボウシ-------192
リョウブ-------194

[赤]●

アメリカデイゴ-------106
ウメ-------114
サザンカ-------052
サルスベリ-------144
ヤブツバキ-------086

[紫・青]●●

キリ-------130
サルスベリ-------144
ハナズオウ-------170

[桃]●

ウメ-------114
カリン-------128
サクラ類-------142
サルスベリ-------144
ネムノキ-------166

ハナカイドウ-------168
ハナミズキ-------172
ハナモモ-------174

[黄・橙]●●

キンモクセイ-------042
サンシュユ-------148
マンサク-------186

### 紅葉が楽しめる

[赤]●

カエデ類-------120
トウカエデ-------158
ナナカマド-------164
ハナミズキ-------172

[黄]●

イチョウ-------096
カエデ類-------120
カツラ-------126
マンサク-------186
ミズキ-------188

[赤茶]●

マユミ-------184

[赤銅]●

アズキナシ-------102
カキノキ-------122
ハナズオウ-------170

### 実が楽しめる

アズキナシ-------102
アメリカザイフリボク-------104
イイギリ-------108
イチイ-------018
イヌツゲ-------034
ウメ-------114
エゴノキ-------116
オニグルミ-------118
オリーブ-------038
カキノキ-------122
カリン-------128

## [2]──用途・性質から選ぶ

| | | | |
|---|---|---|---|
| クヌギ······132 | **和の風情が楽しめる** | **食材に使える** | **生垣に使える** |
| クロガネモチ······046 | ── | ── | ── |
| コナラ······136 | アカマツ······014 | アメリカザイフリボク······104 | イスノキ······032 |
| サワフタギ······146 | イチイ······018 | イチイ[*種子に毒がある]····018 | イヌツゲ······034 |
| サンゴジュ······054 | イヌツゲ······034 | イチョウ······096 | イヌマキ······020 |
| サンシュユ······148 | イヌマキ······020 | ウメ······114 | イボタノキ······112 |
| シナノキ······152 | イボタノキ······112 | オニグルミ······118 | カイヅカイブキ······022 |
| シラカシ······058 | カエデ類······120 | オリーブ······038 | カエデ類······120 |
| スダジイ······062 | カクレミノ······040 | カキノキ······122 | キンモクセイ······042 |
| ソヨゴ······064 | コノテガシワ（エレガンティシマ） | カシワ······124 | ゲッケイジュ······048 |
| ツリバナ······156 | ······024 | カリン······128 | コノテガシワ（エレガンティシマ） |
| ナツミカン······068 | コブシ······140 | ゲッケイジュ······048 | ······024 |
| ナナカマド······164 | サカキ······050 | サクラ類······142 | サカキ······050 |
| ハナミズキ······172 | サクラ類······142 | サンシュユ······148 | サザンカ······052 |
| ビワ······072 | サザンカ······052 | シナノキ······152 | サンゴジュ······054 |
| マテバシイ······080 | シラカシ······058 | タケ類······196 | シラカシ······058 |
| マユミ······184 | スダジイ······062 | トチノキ······160 | ヒイラギ······070 |
| モチノキ······082 | ソヨゴ······064 | ナツミカン······068 | ベニカナメモチ······074 |
| ヤブデマリ······190 | ダイスギ······026 | ビワ······072 | ヤブツバキ······086 |
| ヤマボウシ······192 | タケ類······196 | ヤマボウシ······192 | ヤマモモ······092 |
| | ヒノキ······030 | ヤマモモ······092 | |
| **樹形が楽しめる** | モチノキ······082 | | **管理がしやすい** |
| ── | モッコク······084 | **緑陰樹に使える** | ── |
| アカマツ······014 | ヤブツバキ······086 | ── | アスナロ······016 |
| イイギリ······108 | ユズリハ······094 | アカシデ······098 | イチイ······018 |
| カイヅカイブキ······022 | | アキニレ······100 | イヌマキ······020 |
| ケヤキ······134 | | エゴノキ······116 | オリーブ······038 |
| シダレヤナギ······150 | | カツラ······126 | カクレミノ······040 |
| シラカンバ······154 | | クヌギ······132 | ゲッケイジュ······048 |
| ダイスギ······026 | | ケヤキ······134 | コノテガシワ（エレガンティシマ） |
| タケ類······196 | | コナラ······136 | ······024 |
| ドイツトウヒ······028 | | コブシ······140 | サカキ······050 |
| ナツツバキ······162 | | シナノキ······152 | シラカシ······058 |
| ネムノキ······166 | | スダジイ······062 | シロダモ······060 |
| ヒメシャラ······180 | | トウカエデ······158 | ソヨゴ······064 |
| ブナ······182 | | トチノキ······160 | ベニカナメモチ······074 |
| ヤシ類······198 | | ナツツバキ······162 | モチノキ······082 |
| ヤマグルマ······090 | | ナナカマド······164 | モッコク······084 |
| リョウブ······194 | | マユミ······184 | |
| | | ヤマボウシ······192 | |
| | | リョウブ······194 | |

# [3]──敷地の条件から選ぶ

## 病害虫に強い

アカシデ··········098
イチョウ··········096
イヌエンジュ··········110
イヌマキ··········020
ウバメガシ··········036
カクレミノ··········040
カツラ··········126
クスノキ··········044
コノテガシワ（エレガンティシマ）··········024
サカキ··········050
シマトネリコ··········056
シラカシ··········058
シロダモ··········060
スダジイ··········062
ソヨゴ··········064
タブノキ··········066
ヒノキ··········030
ホソバタイサンボク··········076
モチノキ··········082
モッコク··········084
ヤマボウシ··········192
ヤマモモ··········092

## 生長が遅い

アスナロ··········016
イチイ··········018
イヌツゲ··········034
エゴノキ··········116
オリーブ··········038
キンモクセイ··········042
クロガネモチ··········046
ソヨゴ··········064
タブノキ··········066
ナナカマド··········164
ハナミズキ··········172
モチノキ··········082
モッコク··········084

ヤマボウシ··········192
ヤマモモ··········092
リョウブ··········194

## 生長が早い

アカマツ··········014
イチョウ··········096
キリ··········130
クスノキ··········044
クヌギ··········132
ケヤキ··········134
シダレヤナギ··········150
シマトネリコ··········056
シラカンバ··········154
タケ類··········196
トウカエデ··········158
ネムノキ··········166

## 乾燥に耐える

アカマツ··········014
ウバメガシ··········036
オリーブ··········038
シラカンバ··········154

## 湿気に耐える

イイギリ··········108
イヌエンジュ··········110
エゴノキ··········116
カエデ類··········120
カクレミノ··········040
カツラ··········126
コバノトネリコ··········138
サワフタギ··········146
ツリバナ··········156
トチノキ··········160
ハナズオウ··········170
ハンノキ··········176
ミズキ··········188
ヤブデマリ··········190
ヤマボウシ··········192

## 日照りに耐える

アカマツ··········014
アメリカザイフリボク··········104
アメリカデイゴ··········106
イスノキ··········032
イチョウ··········096
イヌエンジュ··········110
イヌマキ··········020
ウバメガシ··········036
オニグルミ··········118
オリーブ··········038
カイヅカイブキ··········022
カエデ類··········120
カキノキ··········122
カシワ··········124

キリ··········130
キンモクセイ··········042
クスノキ··········044
クヌギ··········132
クロガネモチ··········046
ゲッケイジュ··········048
ケヤキ··········134
コナラ··········136
コノテガシワ（エレガンティシマ）··········024
コブシ··········140
サクラ類··········142
サルスベリ··········144
サンゴジュ··········054
シダレヤナギ··········150
シマトネリコ··········056
シラカシ··········058
シラカンバ··········154
シロダモ··········060
スダジイ··········062
タブノキ··········066
ドイツトウヒ··········028
トウカエデ··········158
ナツミカン··········068
ナナカマド··········164
ネムノキ··········166
ハナカイドウ··········168
ハナズオウ··········170
ハナミズキ··········172
ハナモモ··········174
ハンノキ··········176
ヒトツバタゴ··········178
ヒノキ··········030
ビワ··········072
ブナ··········182
ベニカナメモチ··········074
ホソバタイサンボク··········076
ホルトノキ··········078
マテバシイ··········080
マユミ··········184
モチノキ··········082

ヤシ類 ·················· 198
ヤブニッケイ ·········· 088
ヤマモモ ················ 092

ヤマグルマ ·············· 090
ヤマボウシ ·············· 192
ヤマモモ ················ 092
ユズリハ ················ 094
リョウブ ················ 194

## 日陰に耐える
——

アスナロ ················ 016
イスノキ ················ 032
イチイ ·················· 018
イヌツゲ ················ 034
イヌマキ ················ 020
ウバメガシ ·············· 036
エゴノキ ················ 116
カイヅカイブキ ·········· 022
カエデ類 ················ 120
カクレミノ ·············· 040
カツラ ·················· 126
ゲッケイジュ ············ 048
サカキ ·················· 050
サザンカ ················ 052
サワフタギ ·············· 146
サンゴジュ ·············· 054
シラカシ ················ 058
スダジイ ················ 062
ソヨゴ ·················· 064
ダイスギ ················ 026
タケ類 ·················· 196
タブノキ ················ 066
ツリバナ ················ 156
ドイツトウヒ ············ 028
ナツツバキ ·············· 162
ヒイラギ ················ 070
ヒノキ ·················· 030
ヒメシャラ ·············· 180
ビワ ···················· 072
ベニカナメモチ ·········· 074
マテバシイ ·············· 080
モチノキ ················ 082
モッコク ················ 084
ヤブツバキ ·············· 086
ヤブニッケイ ············ 088

## やせ地で植えられる
——

アカマツ ················ 014
イヌエンジュ ············ 110
シダレヤナギ ············ 150
シラカンバ ·············· 154
ネムノキ ················ 166
ハンノキ ················ 176
ヤマモモ ················ 092

## 潮風に耐える
——

アキニレ ················ 100
イヌマキ ················ 020
ウバメガシ ·············· 036
カイヅカイブキ ·········· 022
サンゴジュ ·············· 054
シダレヤナギ ············ 150
スダジイ ················ 062
タブノキ ················ 066
ナツミカン ·············· 068
ネムノキ ················ 166
ハナズオウ ·············· 170
マテバシイ ·············· 080
ヤシ類 ·················· 198
ヤマモモ ················ 092

# 本書の使い方

## How to use this book

014頁からはじまる「中木・高木図鑑」には、樹木の特性や樹木単価、植栽適期、植栽可能エリア、配植図など、植栽樹を選んでデザインするのに欠かせない情報が掲載されています。

### 1 | 植栽分類
植栽によく用いられる中木・高木を、常緑針葉樹／常緑広葉樹／落葉針葉樹／落葉広葉樹／特殊樹木の順に5つに分類して掲載しています。

### 2 | 樹木名
樹木の一般の名前と学名を記載しています。

### 3 | 中木／高木
住宅用植栽として使用しやすい大きさを基準に中木と高木を分類しています（自然樹の樹高による分類ではありません）。それぞれの分類の範囲は、004頁表「本書における樹高の分類」を参照してください。

### 4 | 樹木特性
樹木の科属、別名、住宅用植栽に適した樹高・枝張・幹周、花期、熟期（実が熟す時期）を記載しています。

## 7 | 樹木写真

見出しとなっている樹木の樹姿を掲載しています。

下段の緑文字による解説が付された写真は、その樹木の魅力的な部分(葉・花・実・幹肌など)を紹介しています。

黒文字による解説が付された写真は、見出しの樹木と関係があるもの、形・特徴が似ているものなどを掲載しています。

## 8 | 中木・低木・地被類の写真

メインツリーに合わせる中木・低木・地被類の写真とそれぞれの樹木単価(2018年4月末現在の、東京近郊での樹木単価の目安です)を掲載しています。

## 9 | 植栽の作法／配植図

見出しで取り上げた樹木をメインツリーとした庭のデザインの考え方と、実際の配植プラン例を掲載しています。すべてのページの配植図は、一般的な住宅の平均的な緑地スペースである縦1m×横2mを基準寸法としており、図面の下側が正面を示しています。

## 5 | 樹木単価

2で挙げた寸法における樹木単価を掲載しています。価格は、2018年4月末現在の東京近郊での樹木単価の目安です。

## 6 | 環境特性

樹木の生育に欠かせない、日照・温度・湿度の3条件について、それぞれの樹木の適性を記載しています。グラフの中央が基準です。

常緑針葉樹

## アカマツ

*Pinus densiflora*

高木―中木

マツ科マツ属

**別名**
メマツ(雌松)、オンナマツ

**樹高**
3.0m

**枝張**
1.5m

**幹周**
18cm

**花期**
4―5月

**熟期**
9―10月(翌年)

**植栽適期**
2―4月上旬

**樹木単価**
20,500円/本

**環境特性**
日照 | 陽―中―陰
湿度 | 乾―湿
温度 | 高―低

北海道南部―九州(屋久島まで)

**自然分布**
東北―九州

**クロマツ**

マツ科マツ属、別名オマツ(雄松)、オトコマツ。アカマツと比較して幹肌が黒いのが特徴。潮風に強く、海岸の砂防林として使われる。暖地向き

**ゴヨウマツ**

マツ科マツ属、別名ヒメコマツ、マルミゴヨウ。1カ所から葉が5枚出るのが名の由来。鑑賞性が高く、主木や門冠りなどの役木に用いる

**タギョウショウ**

マツ科マツ属、アカマツの園芸種。幹は株立ち状に分かれて立ち上がり、傘を広げたような樹形をしている。生長が遅く、樹高はあまり高くならない

1 | サツキツツジ

2 | キャラボク

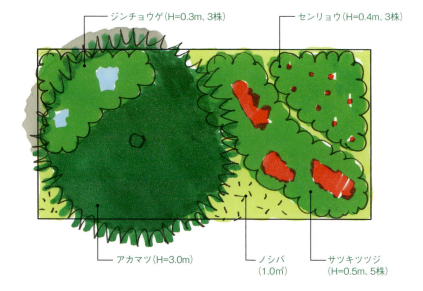

― ジンチョウゲ（H=0.3m、3株）
― センリョウ（H=0.4m、3株）
― アカマツ（H=3.0m）
― ノシバ（1.0㎡）
― サツキツツジ（H=0.5m、5株）

3 | センリョウ

4 | ジンチョウゲ

5 | ノシバ

6 | ヒメコウライシバ

## ［植栽の作法］
# シンプルな樹姿をいかし和モダンを演出

「マツ」は伝統的な日本庭園のイメージが強い樹木だが、姿をうまく活用すればモダンな庭を演出する要素にもなる。その際ポイントとなるのが、根の張りから樹形を見せることである。

アカマツ、クロマツ、ゴヨウマツ、タギョウショウなどのマツの仲間は、日当たりを好む樹木なので、南から西の位置にある庭への植栽が適している。

美しい根もとをすっきり見せるためには、シバなどの草丈の低い地被類を用いる。きちんとした印象に仕上げたいならばヒメコウライシバを、やや野趣な雰囲気に仕上げたい場合はノシバを使う。

低木も、緑の背景をつくりマツの幹模様を強調することができる常緑樹を選び、それらをマツの幹からやや離れた位置に入れる。花が楽しめるサツキツツジ、香りを楽しめるジンチョウゲ、実が楽しめるセンリョウのほか、きっちりと緑をつくるならばキャラボクなどを用いる。

1 サツキツツジ
H=0.5m　900円

2 キャラボク
H=0.3m　800円

3 センリョウ
H=0.4m　700円

4 ジンチョウゲ
H=0.3m　740円

5 ノシバ
1㎡あたり500円

6 ヒメコウライシバ
1㎡あたり600円

常緑針葉樹

## アスナロ

*Thujopsis dolabrata*

高木―中木

ヒノキ科アスナロ属

**別名**
ヒバ、アテ

**樹高**
3.0m

**枝張**
1.0m

**幹周**
10cm

**花期**
4―5月

**熟期**
10―11月

**植栽適期**
2―4月

**樹木単価**
30,000円/本

**環境特性**
日照 陽―中―陰
湿度 乾―――湿
温度 高―――低

**植栽可能**
東北―九州

**自然分布**
東北―九州

**葉**
濃緑色の葉は厚い鱗片状で、十字に対生する。葉の裏には白い気孔帯が目立つ。雄花は青緑色、雌花は淡い緑色で、8〜10個の厚い鱗片をもつ

**ヒノキ**
ヒノキ科ヒノキ属。別名ホンヒ、ヒバ(030頁参照)。アスナロの名の語源の一つに「明日(あす)はヒノキになろうということから」とするものがある

**クロベ**
ヒノキ科クロベ属、別名ネズコ。本州秋田県〜四国に分布する。アスナロによく似るが大木にならない。葉裏の気孔帯はあまり白くない

1 | アオキ

2 | ヒイラギナンテン

## [植栽の作法]
# 日陰の庭に緑を入れる

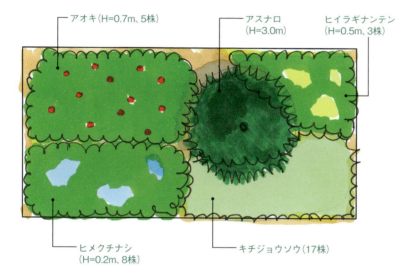

アオキ（H=0.7m、5株）
アスナロ（H=3.0m）
ヒイラギナンテン（H=0.5m、3株）
ヒメクチナシ（H=0.2m、8株）
キチジョウソウ（17株）

アスナロは日陰でも植栽できるため、日当たりの悪い北側の緑地の救世主である。また、生長が非常に遅いため、剪定などの手入れが頻繁にできない方に向く樹木である。

葉がほかの針葉樹より濃い暗い緑になるため、黄色味がかった緑と合わせると浮いた感じになる。しっかりとした緑色で葉に光沢のあるような低木、地被と合わせる。生長が遅いアスナロに合わせて、あまり高くならないものか、刈り込みに耐えるものにすると管理が楽になる。

低木には葉に光沢があり赤い実が楽しめるアオキや、樹形が個性的で黄色の花が楽しめるヒイライギナンテンを使うと賑やかな印象になる。

地被類では日陰に耐えるもので草丈が低く、葉が細かいものを選ぶ。タマリュウやキチジョウソウ、コグマザサのほか、低木のヒメクチナシも地被的に利用できる。

3 | ヒメクチナシ

4 | キチジョウソウ

5 | コグマザサ

6 | タマリュウ

1 アオキ
H=0.7m 1,500円

2 ヒイラギナンテン
H=0.5m 1,100円

3 ヒメクチナシ
H=0.2m 400円

4 キチジョウソウ
10.5cmポット 250円

5 コグマザサ
10.5cmポット 200円

6 タマリュウ
7.5cmポット 130円

## 常緑針葉樹

### イチイ
*Taxus cuspidata*

高木 — 中木

イチイ科イチイ属

**別名**
オンコ、アララギ

**樹高**
2.0m

**枝張**
0.7m

**幹周**
—

**花期**
3—5月

**熟期**
9—10月

**植栽適期**
2—4月

**樹木単価**
18,500円/本

**環境特性**
日照 陽—中—陰
湿度 乾—中—湿
温度 高—中—低

**植栽可能**
北海道—九州

**自然分布**
北海道—九州南部

**生垣**
刈込みに耐えるため、主木のほかに生垣にもよく使われる。さらに、刈り込んでトピアリーなどにも利用される。日当たりが悪くても生育できる

**セイヨウイチイ**
イチイ科イチイ属。ヨーロッパに唯一自生するイチイ属。ヨーロッパイチイともいう。イチイと同様に、生垣やトピアリーとして庭木によく用いられる

**キャラボク**
イチイ科イチイ属。別名はキャラ、ダイセンキャラボク。イチイの変種で低木である。刈込みに強く、主木のほか、根締めに使われる

1 | ハマヒサカキ

2 | サツキツツジ

## [植栽の作法]
# 手を入れにくい場所につくる簡単で静的な庭

イチイは非常に生長が遅く、耐陰性と耐寒性があるため、頻繁には手入れができない隣地との境界付近や、日のあまり当たらない狭い裏庭、坪庭などへの植栽が適している。

葉が細かく、刈り込めば緑のシルエットがはっきりするため、トピアリーなどに利用できる。合わせる低木には形がまとまるものを選ぶ。日当たりのよいところではサツキツツジ、クサツゲを、日陰ではハマヒサカキを使う。

地被類には、日陰ではタマリュウ、つる性植物のヘデラヘリックス、テイカカズラが、日当たりのよい場所ではヒメコウライシバやディコンドラなど、草丈の低いものと合わせる。

また、イチイは秋に赤い実を付けるので、これをデザインのアクセントとして活用するのもよい。その場合、低木に赤い実がなるものを入れて、秋から冬に暖色系の色味がある温かみのある雰囲気をつくる。

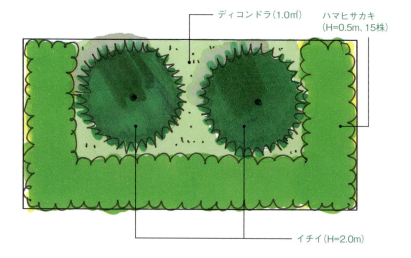

ディコンドラ（1.0㎡）
ハマヒサカキ（H=0.5m、15株）
イチイ（H=2.0m）

3 | ヘデラヘリックス

4 | タマリュウ

5 | ヒメコウライシバ

6 | ディコンドラ

1 ハマヒサカキ
H=0.5m　1,100円

2 サツキツツジ
H=0.5m　900円

3 ヘデラヘリックス
9.0cmポット　220円

4 タマリュウ
7.5cmポット　130円

5 ヒメコウライシバ
1㎡あたり600円

6 ディコンドラ
1kgあたり9,450円
（60～100㎡分）

常緑針葉樹

## イヌマキ
*Podocarpus macrophyllus*

高木―中木

マキ科マキ属

**別名**
マキ、クサマキ

**樹高**
2.5m

**枝張**
0.7m

**幹周**
12cm

**花期**
5―6月

**熟期**
9―10月

**植栽適期**
3月下旬―9月

**樹木単価**
10,000円/本

**環境特性**
日照 陽―中―陰
湿度 乾―中―湿
温度 高―中―低

**植栽可能**
関東―沖縄

**自然分布**
関東南部―沖縄

**葉**
コウヤマキよりやや暗い暗緑色の葉は、長さ7～18cmの線状披針形で、枝に密に互生する。葉先は下向きであまり尖っておらず、葉縁は全縁

**生垣**
日陰や潮害など、悪条件の環境にもよく耐えるため、北側の庭の生垣のほか、暖地の海岸沿いの畑や集落での防風用の生垣に使われる

**コウヤマキ**
コウヤマキ科コウヤマキ属、別名ホンマキ、トウマキ。自然に整う円錐形の樹形が美しく、イヌマキより緑が明るく優しい印象

1 | ドウダンツツジ(玉物)

2 | クルメツツジ(玉物)

## [植栽の作法]
# 人工的な形をいかす

　イヌマキは針葉樹だが、マツやスギとは異なり、和的にも洋的にも使うことが可能である。丈夫で萌芽力があり、刈込みができることから、仕立て物やトピアリーによく使われる。

　たとえば、団子のように丸く刈り込んだイヌマキを2本配置して、足もとにも丸く刈り込んだ低木を配置するなど、形を強調すると個性的な庭となる。

　イヌマキは高さ2.5mほどのものを2本植える。イヌマキの代わりにコウヤマキを使うと明るいすっきりとした印象になる。

　イヌマキは常緑のため四季の変化が少ないことから、低木には四季を感じられる落葉広葉樹のドウダンツツジやクルメツツジを丸く仕立てたものを添える。緑だけにしたい場合はマメツゲやキャラボクを利用する。

　地被類では、日陰ではタマリュウ、日当たりのよいところはシバなどを使って、やや低く抑え、イヌマキと低木の形をみせるようにする。

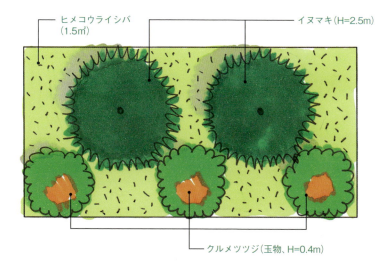

ヒメコウライシバ(1.5㎡)　イヌマキ(H=2.5m)　クルメツツジ(玉物、H=0.4m)

3 | キャラボク(玉物)

4 | マメツゲ(玉物)

5 | タマリュウ

6 | ヒメコウライシバ

1 ドウダンツツジ
H=0.4m　740円

2 クルメツツジ
H=0.4m　680円

3 キャラボク
H=0.4m　800円

4 マメツゲ
H=0.3m　570円

5 タマリュウ
7.5cmポット　130円

6 ヒメコウライシバ
1㎡あたり600円

## 常緑針葉樹

### カイヅカイブキ

*Juniperus chinensis* 'Kaizuka'

高木―中木

ヒノキ科ネズミサシ属

**別名**
カイヅカ、カイヅカビャクシン

**樹高**
2.0m

**枝張**
0.3m

**幹周**
―

**花期**
4―5月

**熟期**
10月

**植栽適期**
2―6月

**樹木単価**
3,700円/本

**環境特性**
日照 │陽━━中━━陰
湿度 │乾━━━━━湿
温度 │高━━━━━低

**植栽可能**
北海道南部―沖縄

**自然分布**
なし(園芸種。イブキから大阪の貝塚でつくられた)

**枝・葉**

暗緑色の葉は交互に密に対生。葉身は5〜12mmの鱗片状。側枝は螺旋状にねじれて伸びる。枝先が火炎状になる

**実**

果実は直径6〜8mmの球果で、内部に卵円形で光沢のある種子を4個もっている。球果は翌年の10月ごろに紫黒色に熟す

**生垣**

四季を問わず、葉が暗緑色で、扱いも容易なため、生垣や街路樹など庭園や緑化木として幅広く使われる。また、大気汚染や公害、塩害に強い

1 | ディコンドラ

2 | ヒメコウライシバ

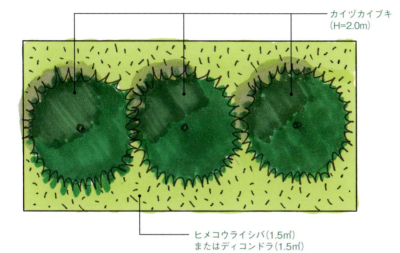

カイヅカイブキ（H=2.0m）

ヒメコウライシバ（1.5㎡）またはディコンドラ（1.5㎡）

3 | フッキソウ

4 | タマリュウ

5 | カイヅカイブキのトルネード仕立て

## ［植栽の作法］
# 視線を遮る緑の壁をつくる

　カイヅカイブキは枝葉がしっかり付いているため、植栽工事直後からある程度のボリュームのある緑の壁をつくるのに適している。煤煙や潮風に強いため交通量の多い道路際や、海近くの工場等の緑化に非常によく利用される。日当たりがよいところを好み、生長速度は速い。

　1×2mくらいの空間ならば、2本あれば将来的にはしっかりとした緑の壁ができるが、3本植えて、横に広がらないようにこまめに剪定するほうがバランスがとりやすい。先端を丸くするとドッシリとした印象に、細くして円錐形にするとすっきりとした印象になる。

　カイヅカイブキは下枝があり、葉もしっかりつくることから、低木は入れずに、地被だけで仕上げる。低く保てる地被ではヒメコウライシバやディコンドラがよい。日陰ならばタマリュウやフッキソウが使いやすい。トルネード仕立てを利用すると個性的な印象となる。

1　ディコンドラ
　1kgあたり9,450円
　（60〜100㎡分）

2　ヒメコウライシバ
　1㎡あたり600円

3　フッキソウ
　9.0cmポット　210円

4　タマリュウ
　7.5cmポット　130円

5　カイヅカイブキトルネード
　H=2.0m　8,000円

常緑針葉樹

## コノテガシワ

*Platycladus orientalis*

高木―中木

ヒノキ科コノテガシワ属

**別名**
コノデガシワ

**樹高**（エレガンティシマ）
2.0m

**枝張**
0.8m

**幹周**
―

**花期**
3―4月

**熟期**
10―11月

**植栽適期**
2―5月上旬

**樹木単価**
5,500円/本

**環境特性**
日照 陽―中―陰
湿度 乾―中―湿
温度 高―中―低

**植栽可能**
北海道南部―九州

**自然分布**
中国・台湾原産

**枝・葉**
平面的に分岐した枝が直立している様子を、子どもの手に見立てたというのが名の由来。葉は鱗片状で交互に対生し、表裏の区別がない

**実**
10〜25mmの卵球形または長楕円形の球果で、先端が角状に尖っている。はじめは濃緑色だが、熟すと褐色になる

**コノテガシワ'エレガンティシマ'**
コノテガシワの園芸種。やや楕円形の樹形をとる。葉色は明緑色だが、新芽はさらに明るい黄緑色をして、若々しい印象となる

1 | スモークツリー（赤葉）

スモークツリーの花柄

## [植栽の作法]
# カラーリーフで鮮やかな葉色を引き立てる

ディコンドラ（0.5㎡）
コノテガシワ'エレガンティシマ'（H=2.0m）
スモークツリー（赤葉、H=1.5m）
アベリア'ホープレイス'（H=0.2m、8株）
八重クチナシ（H=0.6m、3株）

2 | 八重クチナシ

3 | アベリア'ホープレイス'

4 | シルバープリペット

5 | ディコンドラ

　コノテガシワは樹高は2mくらいでおさえると縦、横のバランスがよく、利用しやすい。刈込みにも耐えるため、生垣にも使えるが、浅根性のため樹高が高くなると倒れやすいので注意が必要である。

　コノテガシワでつくる庭は、鮮やかな葉色を楽しむことがポイントとなる。そのため、あえて葉色の変わったものと合わせる。

　緑色の鮮やかな葉を持つ園芸種、エレガンティシマの鮮やかな緑と対比するようにスモークツリーの赤葉を合わせる。スモークツリーは花のあとの花柄が煙ったような形になるのが特徴。

　低木には深い緑の葉でツヤのある八重クチナシを合わせる。クチナシの白い花は存在感があり香りも強いので、1株でも十分魅力を発揮する。さらにアベリア'ホープレイス'やシルバープリペットを加えると、エレガンティシマとクチナシの互いの強さをやわらげる緩衝的な役割を果たす。

1　スモークツリー
　H=1.5m　5,500円

2　八重クチナシ
　H=0.6m　900円

3　アベリア'ホープレイス'
　H=0.2m　850円

4　シルバープリペット
　H=0.2m　700円

5　ディコンドラ
　1kgあたり9,450円
　（60〜100㎡分）

## 常緑針葉樹

### ダイスギ
*Cryptomeria japonica*

高木／中木

スギ科スギ属

**別名**
アシウスギ

**樹高**
2.5m

**枝張**
0.4m

**幹周**
—

**花期**
4—5月

**熟期**
10月

**植栽適期**
1—4月

**樹木単価**
45,000円/本

**環境特性**
日照｜陽 —中— 陰
湿度｜乾 — 湿
温度｜高 — 低

**植栽可能**
北海道南部—九州

**自然分布**
なし
（園芸種。京都北山地方産）

**葉**
葉色は深緑色で、葉身は4〜12mmの鎌状針形をしている。らせん状に枝に付き、表裏の区分はない。普通のスギより、やや堅い

**スギ**
植栽・移植の最適期は3月だが、4月、10〜11月も可能。移植は比較的容易だが、強風を嫌うため風当たりの少ない場所に植栽する

**スギの実**
果実は直径1〜2cmの卵状球形の球果。球果ははじめは緑色をしているが、10月ごろに褐色に熟すと先端が4〜6に裂する

1 | **サツキツツジ**

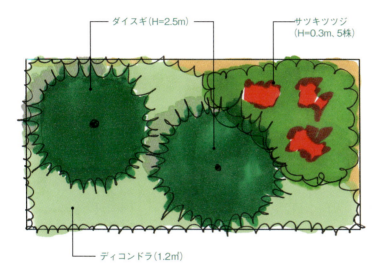

2 | **キャラボク**

ダイスギ(H=2.5m)
サツキツツジ(H=0.3m、5株)
ディコンドラ(1.2㎡)

3 | **ヒサカキ**

4 | **ディコンドラ**

5 | **コグマザサ**

6 | **タマリュウ**

［植栽の作法］
# 狭いスペースに和庭園の要素を取り込む

　日本の代表的な樹種であるスギ。とくに、神社や街道に植えられているスギの、樹齢が高く大木になった幹や根張りの美しさは圧巻である。茶庭の路地に使われるなど、和風の庭づくりには欠かせない樹種である。

　本来、スギのよさを十分にいかすためにはそれなりの広さの敷地が必要である。ただし、住宅の植栽ではなかなかそのような敷地を確保することは難しい。そこで利用したいのが、キタヤマスギの仕立て物（自然樹形のものもあるが非常に高価）のダイスギである。ダイスギは特異な形で茶庭によく利用されるもので、比較的コンパクトにデザインすることができる。

　全体のバランスを楽しむため、根もとからすっきりと見せるように配する。低木にはサツキツツジやヒサカキ、キャラボク、地被は丈の低いシバ類、タマリュウ、コグマザサ、コケ類などを選ぶ。

**1** サツキツツジ
H=0.3m　680円

**2** キャラボク
H=0.3m　800円

**3** ヒサカキ
H=0.3m　480円

**4** ディコンドラ
1kgあたり9,450円
（60〜100㎡分）

**5** コグマザサ
10.5cmポット　200円

**6** タマリュウ
7.5cmポット　130円

常緑針葉樹

*Picea abies*

# ドイツトウヒ

マツ科トウヒ属

**別名**
ヨーロッパトウヒ、オウシュウトウヒ

**樹高**
3.0m

**枝張**
1.2m

**幹周**
15cm

**花期**
5月

**熟期**
9—10月

**植栽適期**
2月中旬—3月、11—1月

**樹木単価**
26,000円/本

**環境特性**
日照｜陽—中—陰
湿度｜乾—中—湿
温度｜高—中—低

**植栽可能**
北海道—九州

**自然分布**
ヨーロッパ原産

**トウヒ**

マツ科トウヒ属、別名ニレモミ、テイノキトラノオモミ。エゾマツの変種。本州中部と紀伊半島に分布。庭木ではあまり使われない

**アカエゾマツ**

マツ科トウヒ属、別名テシオマツ、ヤチエゾ。北海道、本州（早池峰山）に分布。小ぶりで形よくまとまるためクリスマスツリーとしても使われる。

**ウラジロモミ**

マツ科モミ属、別名ダケモミ、ニッコウモミ。日本固有種で、モミより高所（寒いところ）に自生する。葉裏に2本の白い気孔帯がある

1 | チャイニーズホーリー

2 | ピラカンサ

## [植栽の作法]
# クリスマスツリーのある庭をつくる

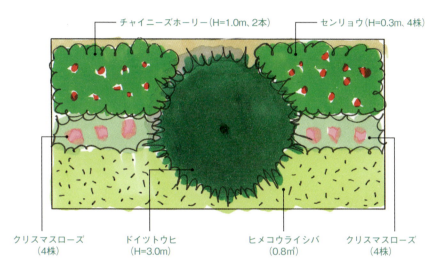

チャイニーズホーリー（H=1.0m、2本）
センリョウ（H=0.3m、4株）
クリスマスローズ（4株）
ドイツトウヒ（H=3.0m）
ヒメコウライシバ（0.8㎡）
クリスマスローズ（4株）

　ドイツトウヒは、ドイツではクリスマスツリーとしてよく利用されている樹種である。全体的に少し暗いトーンの緑色の葉をもつ。樹高2〜3mの若木はやや粗な感じだが、4〜6mではクリスマスツリーらしい樹形になる。

　クリスマスらしく赤い実を楽しむには手に入りやすい低木のチャイニーズホーリーがよい。同じ時期に赤い実を付けるセンリョウやピラカンサを添えるのもよいだろう。

　地被では人が近づけるようヒメコウライシバなどのシバ類を手前に入れる。奥には、クリスマスローズを入れてチャイニーズホーリーやセンリョウとつながるようにする。

　このほかにも、アカエゾマツやウラジロモミでもクリスマスツリーをつくることができる。アカエゾマツは北海道に分布するトウヒ属の樹木だが、比較的耐暑性があり風通しのよい西日の当たらないところであれば東京でも利用できる。

3 | センリョウ

センリョウ（黄実）

4 | クリスマスローズ

5 | ヒメコウライシバ

1　チャイニーズホーリー
　H=1.0m　3,000円

2　ピラカンサ
　H=1.0m　1,100円

3　センリョウ
　H=0.3m　580円

4　クリスマスローズ
　10.5cmポット　1,300円

5　ヒメコウライシバ
　1㎡あたり600円

## 常緑針葉樹

# ヒノキ

*Chamaecyparis obtusa*

高木―中木

| | |
|---|---|
| ヒノキ科ヒノキ属 | |
| **別名** | ホンヒ、ヒバ |
| **樹高** | 2.5m |
| **枝張** | 0.6m |
| **幹周** | ― |
| **花期** | 4月 |
| **熟期** | 10月 |
| **植栽適期** | 2―4月 |
| **樹木単価** | 5,900円/本 |

**環境特性**
日照｜陽―中―陰
湿度｜乾―中―湿
温度｜高―中―低

**植栽可能**
東北―九州

**自然分布**
東北南部―九州

**葉**
濃緑色で、葉裏に白いX字形の気孔線をもつ。葉身は鱗片状で交互に対生する。サワラによく似た葉だが、葉先がサワラよりも丸みを帯びている

**サワラ**
ヒノキ科ヒノキ属。樹姿がヒノキによく似ているが、花粉症の影響があまりでない。園芸種に枝垂れるヒヨクヒバや葉先がやわらかいシノブヒバなどがある

**チャボヒバ**
ヒノキの園芸種で、一般にヒノキより小ぶり。別名カマクラヒバ。木の生長が安定しているので、庭木として使いやすい。ヒノキよりも矮性で枝が短い

1 | ワビスケツバキ

2 | オトメツバキ

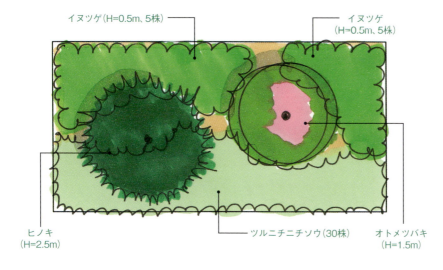

イヌツゲ(H=0.5m、5株)
イヌツゲ(H=0.5m、5株)
ヒノキ(H=2.5m)
ツルニチニチソウ(30株)
オトメツバキ(H=1.5m)

3 | イヌツゲ

4 | マメツゲ

5 | ツルニチニチソウ

6 | ディコンドラ

## [植栽の作法]
## コニファーガーデンを和モダンに仕上げる

　ヒノキは近年、あまり使用されなくなってきたが、和モダンな庭をつくる要素として、見直されたい樹木である。

　高さ2.5m程度のヒノキを1本植え、葉のツヤのあるツバキやサザンカを小さく仕立てて中木として添える。花の小ぶりなワビスケツバキを使うと楚々とした雰囲気に、八重でピンク色のオトメツバキを使うとバラのようなイメージで洋風の雰囲気になる。

　低木には葉の細かい常緑のもの(イヌツゲやマメツゲ)を用いる。下枝をいかしながら、木の根もと付近に丈の低いツルニチニチソウやディコンドラなどをおさえ気味に配植する。

　葉が細かく密生するチャボヒバ(カマクラヒバ)、枝葉がやや扇のように広がるクジャクヒバ、枝垂れるスイリュウヒバなどの園芸種をヒノキの代わりに使用することも可能である。

1　ワビスケツバキ
　H=1.5m　7,000円

2　オトメツバキ
　H=1.5m　3,000円

3　イヌツゲ
　H=0.5m　680円

4　マメツゲ
　H=0.3m　570円

5　ツルニチニチソウ
　9.0cmポット　230円

6　ディコンドラ
　1kgあたり9,450円
　(60〜100m²分)

032　Trees and Plants Encyclopedia

## 常緑広葉樹

### イスノキ
*Distylium racemosum*

高木―中木

**マンサク科イスノキ属**

**別名**
ヒョンノキ、ユスノキ、イス

**樹高**
2.5m

**枝張**
0.8m

**幹周**
―

**花期**
4―5月

**熟期**
6―7月

**植栽適期**
3―5月、9月中旬―10月

**樹木単価**
12,000円/本

**環境特性**
日照｜陽―中―陰
湿度｜乾―湿
温度｜高―低

**植栽可能**
関東―沖縄

**自然分布**
静岡県以西の暖地

**葉**
濃緑色で、互生に付く。葉身は長さ4～9cm、幅2～3.5cmの長楕円形。基部はくさび形で、縁は全縁。皮質で表面はなめらか

**実**
長さ7～10mmの広卵形で、先端に花柱が残り、表面は黄褐色の毛に覆われている。熟すと2裂し、長さ5～7mmの楕円形の種子を出す

**虫こぶ**
虫こぶは、ヤノイスアブラムシなどが寄生することで葉の表面にできるこぶ状の突起のこと。直径数mmのものから6cmにもなるものまである

1 | クコ

2 | シモツケ

## [植栽の作法]
# 野趣あふれる常緑の庭をつくる

イスノキは本州の西南部、四国、九州などの暖地に自生する樹木で、関東や東北ではあまり見かけない。

横によく広がっているものを使うと野趣な雰囲気をつくることができる。素朴で、自然な庭をつくりたいときには、検討したい樹種だ。

単独でシンボルツリーにする場合は枝分かれが多いものを選ぶとよい。枝や葉がうるさく感じるようであれば剪定する。ただし、樹形が乱れやすいため、住まい手自身で剪定するには少し技術が必要となる。

組み合わせる低木には、常緑と落葉の両方を入れたり、高さの違うものを入れるなど、あえて「揃っていないこと」をルールにする。

低木では自然形が雰囲気のある落葉樹のシモツケやクコ、常緑樹のヒサカキやネズミモチを合わせる。

地被類では、キチジョウソウやクマザサが合わせやすい。

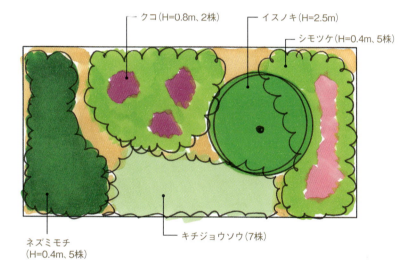

- クコ（H=0.8m、2株）
- イスノキ（H=2.5m）
- シモツケ（H=0.4m、5株）
- ネズミモチ（H=0.4m、5株）
- キチジョウソウ（7株）

3 | ネズミモチ

4 | ヒサカキ

5 | クマザサ

6 | キチジョウソウ

1 クコ
H=0.8m　1,500円

2 シモツケ
H=0.4m　570円

3 ネズミモチ
H=0.4m　440円

4 ヒサカキ
H=0.3m　480円

5 クマザサ
12.0cmポット　440円

6 キチジョウソウ
10.5cmポット　250円

## 常緑広葉樹

## イヌツゲ

*Ilex crenata*

高木 / 中木

モチノキ科モチノキ属

**別名**
ヤマツゲ、ニセツゲ、コバモチ

**樹高**
1.8m

**枝張**
0.8m

**幹周**
—

**花期**
5—6月

**熟期**
11月

**植栽適期**
3—4月、9—10月

**樹木単価**
4,000円/本

**環境特性**
日照 | 陽—中—陰
湿度 | 乾—中—湿
温度 | 高—中—低

**植栽可能**
北海道—九州

**自然分布**
北海道—九州

**葉**
葉身は長さ15～30mmの楕円形の葉で、短い柄をもち、枝に密に互生する。濃緑色をし、光沢をもち、葉縁には低い鋸歯がある

**生垣**
萌芽力に優れた樹木で、生垣によく使われる。また、煙害、塩害に強いため、都市部や海岸地帯の植栽に適している。ただし、乾燥には注意が必要

**ツゲ**
ツゲ科ツゲ属の常緑広葉樹。クサツゲと名が似ているが、まったく違う種。庭用に使われることはまれで、材として版木や将棋の駒、櫛等に使われる

1 | サツキツツジ

2 | マメツゲ

## [植栽の作法]
# 刈込みを繰り返し好みの造形に仕上げる

イヌツゲは小さい葉が細かく出るため造形しやすく、刈込み物をつくることができる。和風庭園に仕上げたいならば、玉散らしや玉づくりなどの仕立て方をする。

あまり和のテイストを強調したくないならばトピアリーがよい。トピアリーとは、樹木を王冠の形や動物の形に刈り込んでつくる仕立て方で、フランスやドイツの庭園でよく見られる。トピアリーには決まった形がないので、好きな動物だったり、幾何学の造形だったり、住まい手の個性があふれる緑の空間をつくることができる。

イヌツゲに合わせる樹木も、刈込みにも耐え、造形的に仕上げられる常緑の葉の細かいものを使う。

低木は低く刈り込めるサツキツツジ、マメツゲ、クサツゲなどを選ぶ。

地被はきっちり感を出すためにシバくらいにとどめたほうがよい。

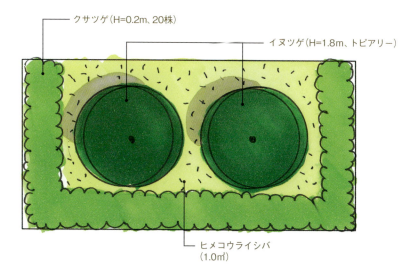

クサツゲ（H=0.2m、20株）
イヌツゲ（H=1.8m、トピアリー）
ヒメコウライシバ（1.0㎡）

3 | クサツゲ

4 | ヒメコウライシバ

イヌツゲの鉢植えの仕立て物

1 サツキツツジ
H=0.3m　680円

2 マメツゲ
H=0.3m　570円

3 クサツゲ
H=0.2m　280円

4 ヒメコウライシバ
1㎡あたり600円

常緑広葉樹 | 高木 — 中木

## ウバメガシ
*Quercus phillyreoides*

ブナ科コナラ属

**別名**
イマメガシ、ウマメガシ

**樹高**
2.0m

**枝張**
0.6m

**幹周**
—

**花期**
4—5月

**熟期**
10月(翌年)

**植栽適期**
3月上旬—4月、6—7月、9—10月

**樹木単価**
4,600円/本

**環境特性**
日照｜陽 — 中 — 陰
湿度｜乾 — 湿
温度｜高 — 低

**植栽可能**
東北中部—沖縄

**自然分布**
房総半島以西の沿岸暖地

**葉**
濃緑色の葉は硬く革質でやや光沢があり、裏面は淡い緑色。葉身は3〜6cmの楕円形で葉先がやや丸く、葉縁には波状の鋸歯をもつ

**花**
花期は4〜5月。黄色の雄花は穂状で枝の下部から垂れ下がり、黄緑色の雌花は楕円形で上部の葉の付け根に1〜2個付く

**生垣**
生長はやや遅いが、萌芽力が強く、刈込みに耐える。目隠しや生垣などにも用いられるほか、玉づくりや玉散らしにして、列植される

1 | グミギルドエッジ

2 | シャリンバイ

## [植栽の作法]
# 硬質感のある葉を活かしてソリッドに仕上げる

暖地の海岸線に自然分布するウバメガシは、潮風と乾燥に強い。また、刈込みに耐えるため生垣にも適するなど、利用価値の高い樹種だ。

合わせる樹は、ウバメガシと同様に硬い印象の葉をもつ樹種を選ぶとよい。

低木ではウバメガシの葉に似たシャリンバイやトベラ、夏に花を咲かせるイッサイサルスベリやコトネアスターを入れて立体感を出す。葉色がやや鈍い緑のため、深い緑の常緑樹ハマヒサカキや斑入りのグミギルドエッジを使ってコントラストをつけてもよい。

ウバメガシは樹形が乱れるため、適宜剪定をして形を整える必要がある。高さ3〜4mくらいのものを用いる場合は、自然樹形ではやや寂しいので、主木にするならば刈込みや剪定をきっちりとして仕立て物とする。

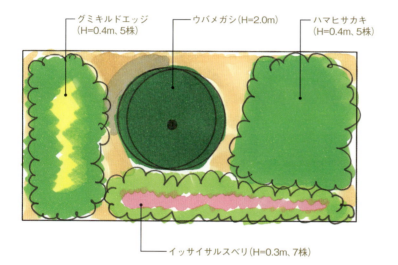

グミギルドエッジ（H=0.4m、5株）
ウバメガシ（H=2.0m）
ハマヒサカキ（H=0.4m、5株）
イッサイサルスベリ（H=0.3m、7株）

3 | ハマヒサカキ

4 | トベラ

5 | イッサイサルスベリ

6 | コトネアスター

1 グミギルドエッジ
H=0.4m　850円

2 シャリンバイ
H=0.5m　1,100円

3 ハマヒサカキ
H=0.4m　800円

4 トベラ
H=0.4m　740円

5 イッサイサルスベリ
H=0.3m　3,000円

6 コトネアスター
10.5cmポット　230円

038　Trees and Plants Encyclopedia

## 常緑広葉樹

高木 — 中木

# オリーブ

*Olea europaea*

モクセイ科オリーブ属

**別名**
オリーブノキ、オレーフノキ

**樹高**
1.8m

**枝張**
0.6m

**幹周**
—

**花期**
5月中旬—7月中旬

**熟期**
10—11月

**植栽適期**
4月中旬—6月

**樹木単価**
43,000円／本

**環境特性**
日照 陽—中—陰
湿度 乾—湿
温度 高—低

**植栽可能**
関東—沖縄

**自然分布**
地中海地方

**葉**
形や大きさは品種によって異なるが、すべて表面は深緑、裏面は灰白で光沢がある。付き方は対生。厚い革質で硬く、両面に鱗状毛がある

**花**
5〜7月ごろ、前年枝の葉のわきから円錐花序を出して、直径6mm程度の芳香のある小さな黄白色の花をたくさん付ける。蜜はない

**実**
長さ1.2〜4cmで、品種によって大きさや形はさまざま。花が散ったあと、小さな緑色のフットボール型の実が付き、完全に熟すと黒紫色になる

1 | ローズマリー

2 | タイム

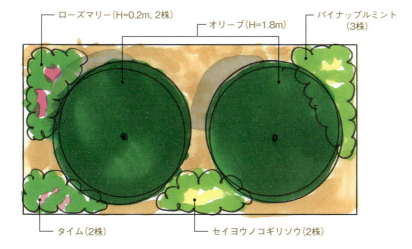

ローズマリー（H=0.2m、2株）　オリーブ（H=1.8m）　パイナップルミント（3株）

タイム（2株）　セイヨウノコギリソウ（2株）

3 | セイヨウノコギリソウ

4 | アップルミント

5 | クリーピングタイム

6 | パイナップルミント

## [植栽の作法]
## オリーブを中心にハーブを添えてキッチンガーデンをつくる

オリーブの丸い実は食用になり、実からとれる油は食・美容・健康などさまざまな分野で使われている。

樹高は高くならないため、狭い空間でも植えることが可能。近年、玄関前や屋上など、敷地が限られた場所でよく使われている。

主木としてオリーブを2本植える。とくに実を楽しみたいときは、1本ではなく2本植えると結実しやすい。実が取りやすいように根もとには何も植えずにあけておく。オリーブは、日当たりを好むため日陰には植栽しない。

オリーブの後ろには葉が料理に使える常緑低木のローズマリーを植え、手前の端と真ん中に、タイムを植えると、ハーブ類からなるキッチンガーデンになる。ほかにはセイヨウノコギリソウやミント類が丈夫で合わせやすい。

1　ローズマリー
　H=0.2m　600円

2　タイム
　10.5cmポット　250円

3　セイヨウノコギリソウ
　10.5cmポット　730円

4　アップルミント
　9.0cmポット　250円

5　クリーピングタイム
　9.0cmポット　250円

6　パイナップルミント
　9.0cmポット　250円

## 常緑広葉樹

# カクレミノ

*Dendropanax trifidus*

ウコギ科カクレミノ属

**別名**
ミツデ、ミツナガシワ、カラミツデ

**樹高**
2.5m

**枝張**
0.7m

**幹周**
—

**花期**
6—7月

**熟期**
11—12月

**植栽適期**
3—6月

**樹木単価**
8,700円/本

**環境特性**
日照｜陽———中———陰
湿度｜乾———————湿
温度｜高———————低

**植栽可能**
東北(仙台付近)—沖縄

**自然分布**
千葉県南部以西の沿海地—沖縄

**葉(全葉)**

深緑色で厚い革質で光沢をもつ。葉身は長さ6〜12cmで互生し、若木では3〜5裂するが成木では倒卵形で全縁になる

**葉(3裂)**

カクレミノの名の由来は、3裂した葉の形が想像上の宝物の1つである「隠蓑」に似ていることによる。樹形も傘を広げたようになる

**実**

果実は直径7〜8mmの球形〜広楕円形の液果で、長さ4〜5cmの果柄をもつ。はじめは黄緑色だが、11〜12月に熟すと黒紫色になる

1 | アオキ　　　2 | フイリアオキ

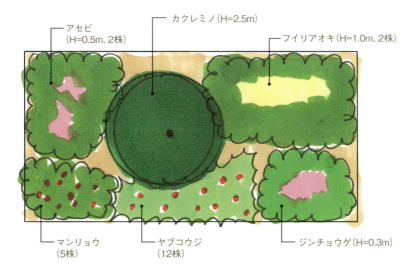

アセビ（H=0.5m、2株）　カクレミノ（H=2.5m）　フイリアオキ（H=1.0m、2株）

マンリョウ（5株）　ヤブコウジ（12株）　ジンチョウゲ（H=0.3m）

3 | アセビ　　　4 | ジンチョウゲ

5 | マンリョウ　　　6 | ヤブコウジ

## ［植栽の作法］
# 日陰のスペースに艶をもった緑を取り込む

もともと常緑樹の森の大木の下に自生するカクレミノは、日当たりの悪いところへの植栽に適した樹種である。また、2～3mくらいで樹形が整い、大きくならないので、狭い空間にも向いている。

傘を広げたような樹形になり、上部に枝葉が茂り、下部や中間が幹だけの姿になるため、下部を締めるように低木を入れる。

低木にもツヤツヤした葉をもつもので、光沢のある葉をもつ樹種を選ぶと、日当たりが悪くても明るい印象の庭をつくることができる。

カクレミノを中央を外して植え、広くあいた側に葉がツヤツヤで枝も青いアオキを2株添える。より明るい印象にしたい場合は、フイリアオキにする。手前には花が楽しめるアセビや、香りの楽しめるジンチョウゲ、実の楽しめるマンリョウやヤブコウジなどを入れ、緑だけではない楽しみを演出する。

1 アオキ　H=1.0m　2,500円

2 フイリアオキ　H=1.0m　2,000円

3 アセビ　H=0.5m　1,400円

4 ジンチョウゲ　H=0.3m　740円

5 マンリョウ　H=0.2m　740円

6 ヤブコウジ　9.0cmポット　240円

# キンモクセイ

*Osmanthus fragrans* Lour. var. *aurantiacus*

常緑広葉樹 / 高木 — 中木

モクセイ科モクセイ属

**別名**
モクセイ、タンケイ（丹桂）

**樹高**
2.0m

**枝張**
0.6m

**幹周**
—

**花期**
9—10月

**植栽適期**
2月下旬—3月上旬、
6月下旬—7月中旬、
9—10月

**樹木単価**
6,500円/本

**植栽単価**

**環境特性**
日照｜陽——中—｜陰
湿度｜乾——｜—湿
温度｜高——｜—低

**植栽可能**
東北南部—九州

**自然分布**
中国原産

**花**
10月ごろ、橙黄色の小花が葉の付け根に集まって咲き、強い芳香を放つ。雌雄異株だが、日本には雄株しかないため実は結ばない

**ギンモクセイ**
モクセイ科モクセイ属。別名モクセイ、ギンケイ。中国原産。芳香のある白色の花が特徴。直径約4mmの小さい花が、葉の付け根に束生する

**ウスギモクセイ**
モクセイ科モクセイ属。別名シキザキモクセイ。ギンモクセイの変種。花の色は黄白色。ギンモクセイよりやや大きく、花柄も少し大きい。香りもやや弱い

樹木別に配植プランがわかる 植栽大図鑑［改訂版］                                    043

1｜ロウバイ

2｜ジンチョウゲ

## ［植栽の作法］
# 花の香りで季節を感じる庭とする

キンモクセイは香りのよい樹木の代表といえるだろう。大高木になる樹木ではないため、比較的狭いところにも植えられるが、生長がよく横にボリュームが出るため、あまり狭いところに植えると圧迫感が出てしまう。生垣としても活用できるが、花の香りがかなり強いので、たくさん植える場合、注意が必要である。

下から枝が分岐して生長するので、低木は根もとまできっちりと植えるのではなく、ある程度、空間をとるようにする。

キンモクセイがかっちりとした印象なので、少し形の崩れたアベリアを添えてやわらかさを出す。しっかりとした感じをつくりたいならばハマヒサカキがよい。アベリアは5月から11月まで花が咲いて、香りを漂わせる。早春に咲き香りのよいロウバイや、ロウバイのあと花を付けるジンチョウゲを植えると1年を通して楽しめる庭となる。

アベリア（H=0.4m、4株）　キンモクセイ（H=2.0m）　ロウバイ（H=1.2m）
ニホンスイセン（5株）　ジンチョウゲ（H=0.5m、2株）

3｜ハマヒサカキ

4｜アベリア

5｜ニホンスイセン

6｜ヤマユリ

**1** ロウバイ
H=1.2m　4,000円

**2** ジンチョウゲ
H=0.5m　1,600円

**3** ハマヒサカキ
H=0.5m　1,100円

**4** アベリア
H=0.4m　480円

**5** ニホンスイセン
10.5cmポット　240円

**6** ヤマユリ
10.5cmポット　1,600円

## 常緑広葉樹

# クスノキ

*Cinnamomum camphora*

高木 / 中木

クスノキ科ニッケイ属

**別名**
クス、ホングス

**樹高**
3.0m

**枝張**
0.8m

**幹周**
15cm

**花期**
5—6月

**熟期**
11—12月

**植栽適期**
3月中旬—4月下旬、
6月下旬—7月上旬、
9月

**樹木単価**
14,500円/本

**環境特性**
日照 陽—中—陰
湿度 乾—湿
温度 高—低

**植栽可能**
関東—九州

**自然分布**
関東南部以西—九州

**葉**

葉身は長さ5〜2cmの卵形〜楕円形で互生する。両端とも尖る。やや革質で両面とも無毛。表面は緑色で光沢がある。裏面は灰白色

**花**

葉の付け根から円錐花序を直立させ、先端が6裂した直径5mmほどの小花を多数咲かせる。花色ははじめは白色で、あとに黄緑色を帯びる

**実**

直径7〜8mmの球形の液果で、果皮のなかには円形の種子が1個ある。はじめは淡緑色だが、11〜12月に熟し、黒色になる

1 | トベラ

2 | ヒラドツツジ

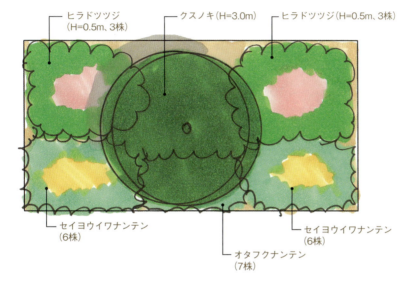

ヒラドツツジ(H=0.5m、3株) / クスノキ(H=3.0m) / ヒラドツツジ(H=0.5m、3株)

セイヨウイワナンテン(6株) / オタフクナンテン(7株) / セイヨウイワナンテン(6株)

3 | セイヨウイワナンテン

4 | オタフクナンテン

5 | タマリュウ

6 | ディコンドラ

## [植栽の作法]
# 常に明るい緑が楽しめる庭

　クスノキは明るい緑色の葉をもつ常緑樹である。生長が早く幹も太くなることから、庭木として最近あまり利用されないが、刈込みに耐えるため、こまめに剪定すれば都市部の戸建住宅でも利用できる。

　クスノキは大きくなるので庭の中央に入れる。下枝が上がりやすいため、寂しくならないように低木もしっかり添える。明るい葉色のトベラや、ツツジのなかでも葉色の明るいヒラドツツジを植えると全体的に明るい印象になる。

　また、葉が多く付くクスノキの下部は日当たりが悪くなるため、地被には日陰と日当たりの両方に耐えるものを選ぶ。セイヨウイワナンテンやオタフクナンテンは明るい緑の葉色だけでなく紅葉も楽しめる。低く抑えるならタマリュウ、ディコンドラがよい。

1 トベラ
H=0.5m　1,100円

2 ヒラドツツジ
H=0.5m　910円

3 セイヨウイワナンテン
H=0.3m　1,700円

4 オタフクナンテン
10.5cmポット　1,000円

5 タマリュウ
7.5cmポット　130円

6 ディコンドラ
1kgあたり9,450円
(60〜100m²分)

常緑広葉樹

高木 — 中木

## クロガネモチ

Ilex rotunda

モチノキ科モチノキ属

**別名**
フクラシバ、フクラモチ

**樹高**
3.0m

**枝張**
0.8m

**幹周**
15cm

**花期**
5—6月

**熟期**
11—2月

**植栽適期**
4—5月中旬、
6月中旬—7月、9月

**樹木単価**
16,500円/本

**環境特性**
日照｜陽——中—|—陰
湿度｜乾—|———湿
温度｜高——|——低

**植栽可能**
関東—沖縄

**自然分布**
関東—沖縄

**葉**
深緑色のなめらかな葉は革質で光沢があり、裏面は淡い緑色。葉身は長さ5〜8cmの楕円形・広楕円形で互生する。葉先が尖り、葉縁は全縁

**実**
果実は5〜8mmの球形の核果で、多くの実が集まって付く。11月〜翌年2月に赤色に熟す。雌雄異株のため、実を楽しむには雌株を植える

**モチノキ**
モチノキ科モチノキ属。別名ホンモチ。雌雄異株。葉身の長さ4〜8cmの倒卵状楕円形の葉が互生する。厚い革質で光沢があり、葉縁は全縁

## [植栽の作法]
# 冬に付く赤い実の鑑賞性をいかす

1 | オトコヨウゾメ　　2 | ガマズミ

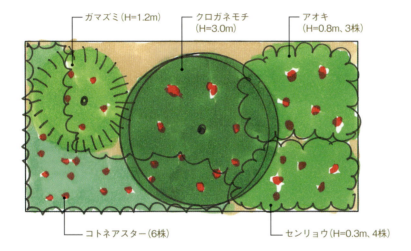

ガマズミ（H=1.2m）　クロガネモチ（H=3.0m）　アオキ（H=0.8m、3株）

コトネアスター（6株）　センリョウ（H=0.3m、4株）

3 | アオキ　　4 | センリョウ

5 | コトネアスター　　6 | ヤブコウジ

一般に冬は花が少なく、落葉樹ばかりで庭を構成すると葉が落ちて寂しい印象の庭になりがちである。そんなときには常緑で冬に赤い実が楽しめるクロガネモチを使うのも手だろう。冬期に赤い実を付ける樹木はソヨゴ、ピラカンサなど、比較的小ぶりなものばかりなので、大きくなるクロガネモチは庭の主木として扱いやすく貴重である。

クロガネモチは、庭の日当たりのよい位置に添える。大きくなると足もとが暗くなるため、日陰を好むアオキなどを添える。日当たりがある程度確保できるならば、落葉のガマズミやオトコヨウゾメもよい。

低木には常緑で赤い実が冬に付くコトネアスターを選ぶ。這うように生長するので低く抑えたいときはよい。正月の飾りに使うセンリョウや、ヤブコウジも冬に赤い実がなる。

1　オトコヨウゾメ
　　H=1.2m　2,500円

2　ガマズミ
　　H=1.2m　1,500円

3　アオキ
　　H=0.8m　1,800円

4　センリョウ
　　H=0.3m　580円

5　コトネアスター
　　10.5cmポット　230円

6　ヤブコウジ
　　9.0cmポット　240円

## 常緑広葉樹

### ゲッケイジュ
*Laurus nobilis*

高木／中木

**クスノキ科ゲッケイジュ属**

**別名**
ローレル、ローリエ

**樹高**
2.5m

**枝張**
0.5m

**幹周**
—

**花期**
4—5月

**熟期**
10月

**植栽適期**
4月下旬—5月、
6月下旬—7月

**樹木単価**
12,000円/本

**環境特性**
日照｜陽―中―陰
湿度｜乾――湿
温度｜高――低

**植栽可能**
関東―九州

**自然分布**
地中海沿岸原産

**葉**
濃淡色の葉は革質で光沢がある。葉裏はやや硬く枝葉は独特の芳香がある。葉身は長さ5～12cmの狭長楕円形。互生し、葉縁は波打つ

**花**
花期は4～5月。雌雄異株。葉の付け根から短い花柄を出し、その先端に黄白色の小花が集まって咲く。10月ごろに果実が黒紫色に熟す

**生垣**
生長が早く、剪定に強い。刈込みすぎたり、形が不揃いでも早くリカバリーできる。そのため生垣や、トピアリーを簡単につくることができる。

1 | サンショウ

2 | チャノキ

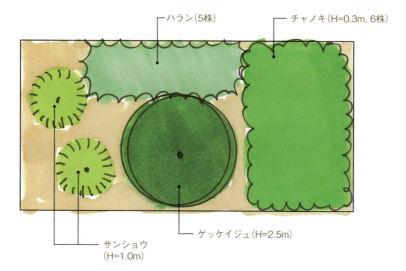

## [植栽の作法]
## 「料理に使える」をキーワードに樹木を選ぶ

「月桂樹」「ローリエ」「ローレル」などで知られるゲッケイジュは、シチューやカレーなどの煮込み料理に欠かせないハーブというイメージが強い。このイメージを活用して、料理に利用できる樹木だけで構成した庭を計画してみるのも面白い。

ゲッケイジュは葉色がやや暗いので、サンショウやチャノキなど、それよりも少し明るめの葉をもつものを選ぶと合わせやすい。落葉広葉樹のサンショウは、比較的高く育つ樹だが、葉を使うと生長が遅くなるため、低木から中木として扱うことが可能だ。チャノキは非常に根が深く入るため、土を深く耕しておく。

ゲッケイジュもチャノキも風通しが悪いと虫がつきやすくなるため、風通しのよい場所を選ぶ。葉を取りやすくするために樹に近づく際に植物を踏まないように足もとには砂利やチップなどで覆う。ゲッケイジュの背後にはハランやクマザサなどの地被を入れて、空間を締める。

3 | ハラン

4 | クマザサ

クロモジ

香りをいかして利用されるクスノキ科の樹木。クスノキ科の樹木はゲッケイジュをはじめ、クスノキ、ニッケイ等、葉の香りが特徴的なものが多く、芳香材や防虫材に利用される。材の香りをいかしたものにはクロモジの高級つまようじなどがある

1 サンショウ
H=1.0m　1,000円

2 チャノキ
H=0.5m　1,200円

3 ハラン
12.0cmポット　440円

4 クマザサ
12.0cmポット　440円

050　Trees and Plants Encyclopedia

## 常緑広葉樹

### サカキ
*Cleyera japonica*

高木 — 中木

ツバキ科サカキ属

**別名**
ホンサカキ、マサカキ

**樹高**
2.5m

**枝張**
0.6m

**幹周**
—

**花期**
12—3月

**熟期**
—

**植栽適期**
3—4月、
6月下旬—7月中旬、9月

**樹木単価**
9,000円/本

**環境特性**

日照　陽━━中━━陰
湿度　乾━━╋━━湿
温度　高━╋━━━低

**植栽可能**
関東—沖縄

**自然分布**
関東南部以西—沖縄

**葉**
葉身は長さ7〜10cm、長楕円形で互生し、葉縁は全縁。よく似た樹種であるヒサカキは、やや小型で葉縁に鋸歯があるという違いがある

**ヒサカキ**
ツバキ科ヒサカキ属。別名ビシャコ、アクシバ。生垣等によく使用される。関東地方ではサカキの代用品として、枝葉を神事に使う

**ハマヒサカキ**
ツバキ科ヒサカキ属。別名イソヒサカキ、シタンノキ。暖地の海岸に自生。潮害、大気汚染、病虫害に強い。ヒサカキなどに比べ、葉先が丸い

1 | ヒイラギ

2 | ナンテン

## [植栽の作法]
# 縁起のよい樹で庭を構成する

　サカキは関東より以西に分布する常緑樹。「榊」と書き、神社での政(まつりごと)に使われるため、神社に植えらえることが多い縁起のよい樹木である。

　庭木として用いる場合は、濃緑の葉をいかして庭の背景を作るように使うとよい。葉の色が濃すぎると感じるならば、やや明るい緑の葉をもつヒサカキに代用することもできる。

　合わせる樹種も、サカキ同様、縁起がよいとされるものを選ぶと、庭にストーリーをもたせることができる。

　サカキを中心を少しずらして植え、ヒイラギ(節分の時に鬼を封じるといわれから)を植える。

　左右のあいたスペースにナンテン(音が「難を転じる」に通ずる)とセンリョウ(千両。金運)を植える。ナンテンは植えた当初よりボリュームがでるのでできるだけ広い側に植える。センリョウは赤い実以外に黄色い実もあるため組み合わせると面白い。庭の手前にはマンリョウ(万両。金運)、ヤブコウジ(別名一両。金運)を入れて引き締める。

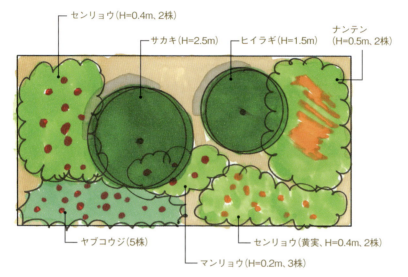

- センリョウ(H=0.4m、2株)
- サカキ(H=2.5m)
- ヒイラギ(H=1.5m)
- ナンテン(H=0.5m、2株)
- ヤブコウジ(5株)
- センリョウ(黄実、H=0.4m、2株)
- マンリョウ(H=0.2m、3株)

3 | センリョウ

センリョウ(黄実)

4 | マンリョウ

5 | ヤブコウジ

1 ヒイラギ　H=1.5m　3,000円

2 ナンテン　H=0.5m　1,000円

3 センリョウ　H=0.4m　700円

4 マンリョウ　H=0.2m　740円

5 ヤブコウジ　9.0cmポット　240円

## 常緑広葉樹

### サザンカ
*Camellia sasanqua*

高木 — 中木

**ツバキ科ツバキ属**

**別名**
ヒメツバキ、コカタシ、カタシ

**樹高**
2.0m

**枝張**
0.6m

**幹周**
—

**花期**
10—12月

**熟期**
10月(翌年)

**植栽適期**
3—5月中旬、
9月中旬—11月

**樹木単価**
4,700円/本

**環境特性**
日照 陽|—中—|陰
湿度 乾|———|湿
温度 高|———|低

東北南部—沖縄

**自然分布**
四国南部、
山口—沖縄

**花**
原種は白または淡紅色の一重咲き。ツバキと似ているが、花弁が1枚1枚離れて散ることこ、花にほのかに香りがあることなどの相違点がある

**生垣**
耐陰性、耐潮性があり、大気汚染などにも強く、刈込みにも耐える。刈り込んで、主木に使われるほか、花の楽しめる生垣として多用されている

**カンツバキ**
別名シシガシラ(獅子頭)。サザンカとツバキの交配種といわれるが異論もある。直立せず、横張り状に育つ傾向があるため、低木に利用される

**サザンカ(白花)**

**1｜ニシキギ**

## [植栽の作法]
# 秋の色を楽しむ庭をつくる

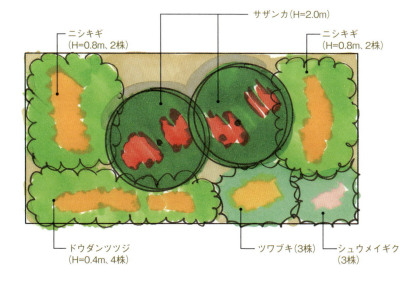

- ニシキギ(H=0.8m、2株)
- サザンカ(H=2.0m)
- ニシキギ(H=0.8m、2株)
- ドウダンツツジ(H=0.4m、4株)
- ツワブキ(3株)
- シュウメイギク(3株)

　サザンカの野生種は白または淡紅色の花だったが、いまでは園芸種の紅花がサザンカのイメージになっている。秋に花を咲かせるのはほとんどが常緑樹で、種類はあまり多くない。濃緑の葉に目立つはっきりとした花色の樹木を利用して、寒さが増し、緑の寂しさが出る冬の前に温かみのある緑の空間をつくるように意識する。

　サザンカはシロバナもよいが、色のあるものを数本組み合わせると華やかになる。サザンカが等間隔にならないように、庭全体に広がるように植える。低木はニシキギやドウダンツツジなどの紅葉の美しい落葉樹を合わせる。

　地被は赤い葉のオタフクナンテンや、秋にかわいらしい花を咲かせる宿根草のシュウメイギク、常につやのある丸い葉を付け、秋にタンポポのような黄色の花を咲かせるツワブキを添える。

**2｜ドウダンツツジ**

**3｜シュウメイギク**

**4｜ツワブキ**

**5｜オタフクナンテン**

1 ニシキギ　H=0.8m　1,400円
2 ドウダンツツジ　H=0.4m　740円
3 シュウメイギク　10.5cmポット　820円
4 ツワブキ　10.5cmポット　280円
5 オタフクナンテン　10.5cmポット　1,000円

054　Trees and Plants Encyclopedia

## サンゴジュ

*Viburnum odoratissimum var. awabuki*

常緑広葉樹 / 高木―中木

スイカズラ科ガマズミ属

**別名**
キサンゴ、ヤブサンゴ

**樹高**
2.5m

**枝張**
0.8m

**幹周**
―

**花期**
6―7月

**熟期**
9―11月

**植栽適期**
3月上旬、6―7月、9月上旬―中旬

**樹木単価**
11,500円/本

**環境特性**
日照｜陽―中―陰
湿度｜乾―中―湿
温度｜高―中―低

**植栽可能**
東北中部―沖縄

**自然分布**
関東南部(海岸寄り)、東海南部(海岸寄り)、四国―沖縄

**花**
6〜7月に小枝の先端から大型の円錐花序を出し、やや紫がかった白い小花を多数付ける。花冠は先端が浅く5裂した筒状で、長さは約6mm

**実**
長さ7〜8mmの楕円形の液果で、赤い果柄の先端に多数付ける。はじめはサンゴのように美しい紅色だが、9〜11月に熟すと青黒色になる

**生垣**
刈込みに強く、よく分枝し下枝が枯れないので、古くから生垣として使われてきた。耐潮性があり、海岸の防風垣としても利用される

## [植栽の作法]
## 大きく光沢のある葉を集めてトロピカルに飾る

1 | アオキ

2 | ヤツデ

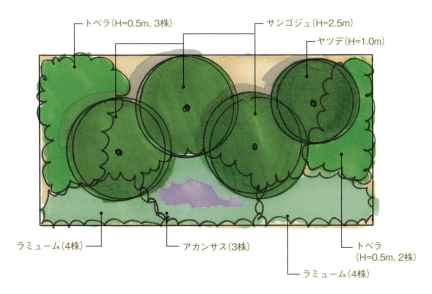

トベラ(H=0.5m、3株) ／ サンゴジュ(H=2.5m) ／ ヤツデ(H=1.0m)
ラミューム(4株) ／ アカンサス(3株) ／ トベラ(H=0.5m、2株)
ラミューム(4株)

3 | トベラ

5 | ラミューム

4 | アカンサス

サンゴジュは、生長が旺盛で刈込みにも耐え、ボリュームが出るため、2～4mくらいの高い生垣をつくるのに用いられることが多い。

サンゴジュの大きなツヤツヤした葉は熱帯植物のような雰囲気が少しある。この印象をいかしながらトロピカルな庭をつくる。

植栽スペースの中心を外してサンゴジュを2～3本寄せて配置する。同じような印象の葉をもつ低木のトベラとヤツデを添えるように植えて、周囲を締める。ヤツデは大きな手の形と草のような葉色が熱帯的な印象を与えることができる。

日当たりが悪い場所ではアオキやヤブコウジでも同じような印象が得られる。

西洋古代の柱のデザインに使われているアカンサスは葉と花が特徴的で、トロピカルな雰囲気を演出するのに使いやすい地被である。四方に広がるつる性植物のラミュームを植えると、乱れた感じになる。

1 アオキ
H=1.0m　2,500円

2 ヤツデ
H=1.0m　7,500円

3 トベラ
H=0.5m　1,100円

4 アカンサス
10.5cmポット　600円

5 ラミューム
10.5cmポット　250円

## 常緑広葉樹

### シマトネリコ
*Fraxinus griffithii*

高木 / 中木

モクセイ科トネリコ属

**別名**
タイワンシオジ

**樹高**
2.5m

**枝張**
0.6m

**幹周**
株立ち

**花期**
5—6月

**熟期**
8月中旬—9月

**植栽適期**
3月中—下旬、
9月下旬—10月中旬

**樹木単価**
11,000円/本

**環境特性**
日照｜陽—中—陰
湿度｜乾—湿
温度｜高—低

**植栽可能**
関東—沖縄

**自然分布**
沖縄

**葉**
小さい葉が鳥の羽根のように付く。小葉の葉身は3〜10cmで対生。葉の付き方は常緑樹としてはやや粗。革質で、表面に光沢があり、無毛

**花**
5〜6月に、枝先や葉の付け根から、円錐状に長さ2〜3mmのやや緑がかった白い花を密に咲かせる。花のまとまり（花序）は大きく、枝先を覆う

**実**
夏に長さ2.5〜3cmの細いへら形の翼果が、樹冠が白く見えるほど付く。長さ2〜2.7cmの倒披針形。翼果の中の種子は細長く赤褐色

1 | ブッドレア

2 | ユキヤナギ

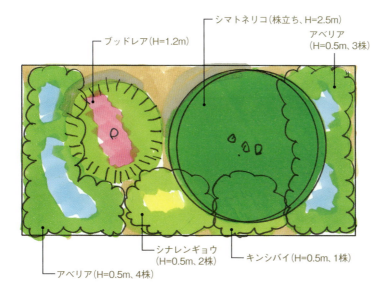

シマトネリコ（株立ち、H=2.5m）
ブッドレア（H=1.2m）
アベリア（H=0.5m、3株）
シナレンギョウ（H=0.5m、2株）
キンシバイ（H=0.5m、1株）
アベリア（H=0.5m、4株）

## ［植栽の作法］
# やわらかな緑で風が感じられる庭をつくる

シマトネリコの葉は、小型で明るい緑色をしているため常緑樹のような暗さを感じさせない。「やわらかさ」や「さわやかさ」を演出したい場合は、ぜひ選びたい樹木だ。

合わせる樹木も、風の気配を感じられるような、枝と枝、葉と葉に隙間があるようなものを選ぶ。

2×1m程度の緑地ならば1本立ちより株立ちのほうが視線の高さに枝が来て収まりがよい。中心をやや外し、脇にブットレアを添える。ブッドレアは紫色の花を次々に咲かせて花が長く楽しめる。

低木ではシマトネリコと同じく半落葉樹で、葉質が薄手のキンシバイやアベリア、落葉樹のユキヤナギ、レンギョウ、シモツケなどの花木を採用し色を添えるように植える。

3 | アベリア

4 | キンシバイ

5 | シモツケ

6 | シナレンギョウ

1 ブッドレア
H=1.2m　4,000円

2 ユキヤナギ
H=0.8m　910円

3 アベリア
H=0.5m　540円

4 キンシバイ
H=0.5m　740円

5 シモツケ
H=0.5m　680円

6 シナレンギョウ
H=0.5m　800円

常緑広葉樹

*Quercus myrsinifolia*

## シラカシ

高木―中木

| | |
|---|---|
| | ブナ科コナラ属 |
| 別名 | カシ、クロガシ、ホソバガシ |
| 樹高 | 3.0m |
| 枝張 | 0.8m |
| 幹周 | 15cm |
| 花期 | 5月 |
| 熟期 | 10―11月 |
| 植栽適期 | 6―7月、9―11月 |
| 樹木単価 | 14,000円/本 |

環境特性
- 日照 陽―中―陰
- 湿度 乾―湿
- 温度 高―低

植栽可能
東北南部―九州

自然分布
福島県以南、四国、九州

**アラカシ**

ブナ科コナラ属。関西では棒状に仕立てたものを棒ガシという。シラカシに比べ、果実は丸みを帯びており、やや小さい。10〜11月に褐色に熟す

**イチイガシ**

ブナ科コナラ属。別名イチガシ、ロガシ。葉の裏に白褐色の綿毛が密生しているのが特徴。材は堅く、実は食用になる。庭木ではほとんど使われない

**ウラジロガシ**

ブナ科コナラ属。別名ウラジロカシ。名前の由来は、葉裏が白いことから。庭木、生垣、公園樹として使われる。自然分布が減少している

1 | ハマヒサカキ

2 | シャリンバイ

## [植栽の作法]
# 1年を通して緑が楽しめる庭を演出する

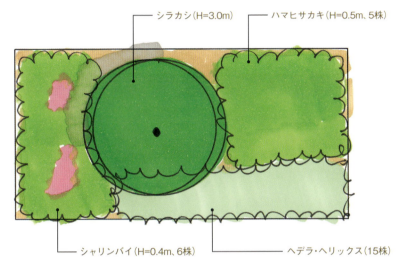

シラカシ(H=3.0m) ― ハマヒサカキ(H=0.5m、5株)
シャリンバイ(H=0.4m、6株) ― ヘデラ・ヘリックス(15株)

シラカシは、常緑広葉樹のなかでは高さに比べて幹が細く、狭い空間でもあまり圧迫感を与えない。シラカシに常緑の低木、地被を組み合わせると1年中、緑の景色を鑑賞できる空間となる。

低木は日当たりがよい場合ならばシャリンバイ、日当たりが悪い場合ではサルココッカ、ハマヒサカキなどを使う。

地被では、日陰ではタマリュウ、フッキソウが手入れが楽である。日当たりのよい場所ではつる植物のヘデラヘリックスを使うと安価に仕上がるが、緑地をつくるまでに時間がかかる。

シラカシの代わりにアラカシを使うこともできる。アラカシは、シラカシと比べて葉が大きく、幹も太くなり、枝分かれしてボリュームが出る。そのため、しっかり背景を隠す緑をつくるときに向いている。樹形が乱れやすいため、1本ではなく2本以上組み合わせる。

3 | サルココッカ

4 | フッキソウ

5 | ヘデラヘリックス

6 | タマリュウ

1 ハマヒサカキ
H=0.5m　1,100円

2 シャリンバイ
H=0.4m　680円

3 サルココッカ
H=0.15m　490円

4 フッキソウ
9.0cmポット　210円

5 ヘデラヘリックス
9.0cmポット　220円

6 タマリュウ
7.5cmポット　130円

## 常緑広葉樹

### シロダモ
*Neolitsea sericea*

高木 / 中木
1.5m

クスノキ科シロダモ属

**別名**
シロタブ、タマガラ、オキノミノキ

**樹高**
1.5m

**枝張**
0.5m

**幹周**
—

**花期**
10—11月

**熟期**
10—11月(翌年)

**植栽適期**
3月中旬—4月、6月下旬—7月中旬、10—12月

**樹木単価**
4,500円/本

**環境特性**
日照｜陽——中——陰
湿度｜乾———湿
温度｜高———低

**植栽可能**
東北北部—沖縄

**自然分布**
東北南部(海岸寄り)、関東(海岸寄り)、中部以西—沖縄

**葉**
葉身は長さ8〜18cmの長楕円形または卵状長楕円形で、全縁。枝先に集まって付く。3脈が目立つ。若葉と新枝は黄褐色の絹毛に覆われている

**実**
雌雄異株。雌株には赤い実が付く。液果で長さ1.2〜1.5cmの楕円形で、結実した翌年の10〜11月ごろに赤く熟す。種子は球形

**アオダモ**
名は似ているが、モクセイ科トネリコ属の落葉広葉樹で科属や性質が異なる。別名コバノトネリコ。雌雄異株で4〜5月に白い花が咲く(138頁参照)

1 | ガクアジサイ

2 | ハマヒサカキ

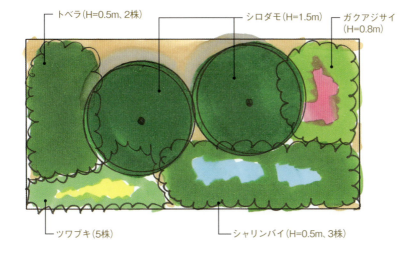

トベラ(H=0.5m、2株) ／ シロダモ(H=1.5m) ／ ガクアジサイ(H=0.8m)
ツワブキ(5株) ／ シャリンバイ(H=0.5m、3株)

## [植栽の作法]
# 海に近い場所で潮風に耐える特徴をいかす

　潮風を好む樹木は限られている。海の潮風に比較的耐えられるシロダモは、海辺に近い場所での植栽には欠かせない樹種である。

　シロダモは実をうまく付けるように雌、雄、1株ずつ植える。トベラはボリュームが出るため、やや奥に配置し、手前にツワブキを入れて馴染ませる。シャリンバイを取り入れると春に花が楽しめる。トベラやシャリンバイの代わりにハマヒサカキやマルバグミなどを用いてもよい。

　神奈川県の三浦半島や伊豆半島の海面した岩陰に見られるガクアジサイは華奢なイメージのある花木だが、比較的潮風に耐えられる樹種なので、こうした庭では重要なアクセントになる。

　地被ではツワブキが、やや日陰でも耐える性質のため、北側の道路に面した緑地でも使える。

3 | トベラ

4 | シャリンバイ

5 | マルバグミ

6 | ツワブキ

1 ガクアジサイ　H=0.8m　1,100円
2 ハマヒサカキ　H=0.5m　1,100円
3 トベラ　H=0.5m　1,100円
4 シャリンバイ　H=0.5m　1,100円
5 マルバグミ　H=0.5m　1,500円
6 ツワブキ　10.5cmポット　280円

## スダジイ

*Castanopsis sieboldii*

常緑広葉樹　高木―中木

ブナ科シイ属

**別名**
シイ、シイノキ、イタジイ、ナガジイ

**樹高**
2.5m

**枝張**
0.5m

**幹周**
―

**花期**
5月中旬―6月

**熟期**
10月中旬―11月中旬（翌年）

**植栽適期**
3月下旬―4月上旬、6月下旬―7月下旬、9月下旬―10月

**樹木単価**
4,500円/本

**環境特性**
日照｜陽―中―陰
湿度｜乾―湿
温度｜高―低

**植栽可能**
東北南部―沖縄

**自然分布**
関東―沖縄

**実**
長さ1.2〜2cmの卵状長楕円形で、翌年の秋に成熟する。堅果ははじめ殻斗に包まれているが、成熟すると3裂し、中から堅果が出てくる

**幹肌**
黒褐色で大木になると縦に割れ目ができるのが特徴。よく似た樹種のツブラジイは、樹皮がなめらかでふつう深い割れ目はできない

**ツブラジイ**
ブナ科シイ属、別名コジイ。スダジイに比べて堅果が丸いことから、ツブラジイ(円ら椎)という。別名のコジイは、堅果が小ぶりなことから

**1 | カンツバキ**

**2 | クチナシ**

## [植栽の作法]
# 葉や実に特徴のある樹木と合わせ暗いイメージを抑える

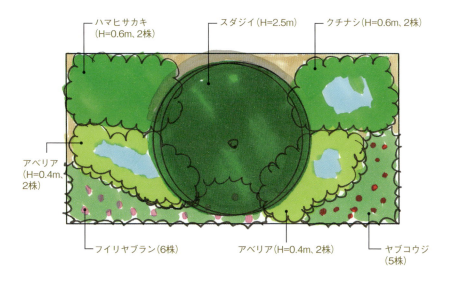

ハマヒサカキ（H=0.6m、2株）　スダジイ（H=2.5m）　クチナシ（H=0.6m、2株）
アベリア（H=0.4m、2株）
フイリヤブラン（6株）　アベリア（H=0.4m、2株）　ヤブコウジ（5株）

**3 | ハマヒサカキ**

**4 | アベリア**

**5 | フイリヤブラン**

**6 | ヤブコウジ**

　スダジイは、照葉樹林の代表的な構成樹種で、大木に生長し、やがて大きな森をつくる。特に幹が太くなるため、小さくまとめたい時は剪定をこまめに行うことが必要である。葉の色は濃緑だが、葉の裏が茶色で、幹肌もやや濃い褐色のためやや暗いイメージになる。また葉をしっかりと広げるため、木の下部や周囲は日当たりが悪くなる。合わせる低木や地被は日陰に耐えるものを選ぶこと。

　スダジイを庭の中心に配し、低木のハマヒサカキやクチナシ、カンツバキ、アベリアで樹高の高さを変えながら立体感を作る。地被は暗い感じにならないように白い筋が入ったフイリヤブランや赤い実が楽しめるヤブコウジを用いる。

　スダジイは、ブナ科のなかでドングリを付ける樹木の代表といえる。実は簡単に食用できる。

---

1　カンツバキ
　H=0.5m　3,100円

2　クチナシ
　H=0.6m　800円

3　ハマヒサカキ
　H=0.6m　1,400円

4　アベリア
　H=0.4m　480円

5　フイリヤブラン
　10.5cmポット　340円

6　ヤブコウジ
　9.0cmポット　240円

**常緑広葉樹**

高木 — 中木

## ソヨゴ
*Ilex pedunculosa*

モチノキ科モチノキ属

**別名**
フクラシバ、ソヨギ、フクラモチ

**樹高**
2.5 m

**枝張**
0.7 m

**幹周**
株立ち

**花期**
5—6月

**熟期**
10—11月

**植栽適期**
2—4月、6—7月、9—10月

**樹木単価**
12,500円/本

**環境特性**
日照｜陽 — 中 — 陰
湿度｜乾 — 湿
温度｜高 — 低

**植栽可能**
東北南部—沖縄

**自然分布**
関東・新潟以西の本州—九州

**花**
雌雄異株。雄花・雌花ともに直径4mmほどの小さい小花が、葉の付け根に付く。雄花は集散状に多数咲き、雌花は1〜3個付く

**実**
果実は直径7〜8mmの球形の核果で、3〜4cmの長い果柄の先端に垂れ下がって付く。はじめは緑色で10〜11月に熟すと赤色になる

**列植**
シンボルツリーのほか、生垣、目隠しとしても用いられる。萌芽力もあり手入れは容易。植栽の最適期は6〜7月だが、2〜4月、9〜10月も可能

樹木別に配植プランがわかる 植栽大図鑑［改訂版］　　065

1｜ムクゲ（ヒノマル）

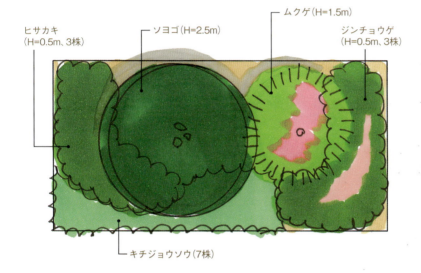

2｜ジンチョウゲ

ヒサカキ（H=0.5m、3株）
ソヨゴ（H=2.5m）
ムクゲ（H=1.5m）
ジンチョウゲ（H=0.5m、3株）
キチジョウソウ（7株）

## ［植栽の作法］
# 暗い北側の庭に明るい緑を持ち込む

　ソヨゴは、葉の付き方がそれほど密でなく、葉色も明るい緑で、葉裏がやや白いため軽い印象を与える常緑樹である。生長しても5～10m程度の樹高のため、広くない庭にも適している。常緑樹にしては寒さや日陰にも強いため、北側の緑地や、中庭などにも利用できる。

　ソヨゴは株立ちで多く枝分かれをしている樹形タイプが景色をつくりやすい。実と緑が楽しめることから、中木、低木、地被は花や香りが楽しめるものを合わせるとよい。

　株立ちのソヨゴを6：4の位置に配置し、日陰に強く夏に花が長く楽しめるムクゲを添える。ムクゲはハイビスカスの仲間だが、寒さにも強く、乾燥にも強い。芳香が楽しめるジンチョウゲや、一年中しっとりとした緑を見せるヒサカキ、チャノキ、地被ではキチジョウソウやヤブランをバランスよく配置する。

3｜チャノキ

4｜ヒサカキ

5｜キチジョウソウ

6｜ヤブラン

1 ムクゲ（ヒノマル）
　H=1.5m　1,700円

2 ジンチョウゲ
　H=0.5m　1,600円

3 チャノキ
　H=0.5m　2,000円

4 ヒサカキ
　H=0.5m　850円

5 キチジョウソウ
　10.5cmポット　250円

6 ヤブラン
　10.5cmポット　230円

## 常緑広葉樹

### タブノキ
*Machilus thunbergii*

高木―中木

クスノキ科タブノキ属

**別名**
イヌグス、タマグス

**樹高**
2.5m

**枝張**
0.5m

**幹周**
—

**花期**
4―5月中旬

**熟期**
8―9月

**植栽適期**
3―4月、6―7月、9月

**樹木単価**
7,600円/本

**環境特性**

日照｜陽―中―陰
湿度｜乾―中―湿
温度｜高―中―低

**植栽可能**
東北南部―沖縄

**自然分布**
東北南部(海岸寄り)、関東(海岸寄り)、中部南部―沖縄

**葉**
深緑色の葉は革質で表面は光沢があり、裏面は灰白色。葉身は長さ8～15cmの倒卵状長楕円形で互生する。全縁で葉先も丸みを帯びている

**実**
果実は直径1cmほどの球形の液果で、下部に花被が残っている。はじめは淡い緑色だが、8～9月に熟すと黒紫色に色づく

**ホソバタブ**
別名アオガシ。本州・近畿、中国地方以西に分布。高さ10～15mになる常緑広葉樹。材としての利用はあるが、庭園樹としてはあまり使われない

## [植栽の作法]
# 海辺近くの庭で濃緑の壁をつくる

1 | ヤブツバキ

2 | マキバブラッシノキ

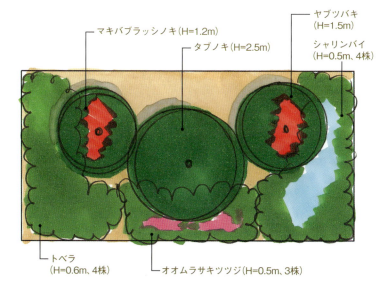

マキバブラッシノキ（H=1.2m）
タブノキ（H=2.5m）
ヤブツバキ（H=1.5m）
シャリンバイ（H=0.5m、4株）
トベラ（H=0.6m、4株）
オオムラサキツツジ（H=0.5m、3株）

3 | トベラ

4 | ハマヒサカキ

5 | オオムラサキツツジ

6 | シャリンバイ

　タブノキは、暖地の海岸近くに多く自生する常緑広葉樹で、葉に光沢があり厚く、株立ちで大きくなる。日陰に強く、潮風にも比較的耐えるため、海岸近くの埋立地では防風林などによく利用される。

　庭木にタブノキを用いるときは、花や実を鑑賞するというよりは、明緑色の葉をいかして緑の壁とつくるように配置するのがポイントである。

　タブノキは横にボリュームがでるため、広い空間に植栽地をとり、脇には少し印象の異なるマキバブラッシノキを添えてアクセントとする。タブノキが丸くなるのに対して、マキバブラッシノキは少し暴れた樹形となる。

　低木にはトベラやシャリンバイ、ハマヒサカキ、ヤブツバキなど、潮風にやや強いものを配する。オオムラサキツツジもツツジのなかでは耐えるほうなので、風が直接当たらない場所では利用可能。

1　ヤブツバキ
　H=1.5m　4,400円

2　マキバブラッシノキ
　H=1.2m　5,500円

3　トベラ
　H=0.6m　1,300円

4　ハマヒサカキ
　H=0.6m　1,400円

5　オオムラサキツツジ
　H=0.5m　960円

6　シャリンバイ
　H=0.5m　1,100円

## 常緑広葉樹 高木／中木

# ナツミカン
*Citrus natsudaidai*

ミカン科ミカン属

**別名**
ナツダイダイ、ナツカン

**樹高**
2.0m

**枝張**
0.5m

**幹周**
—

**花期**
5月

**熟期**
4—6月
（秋に結実し、春に熟す）

**植栽適期**
4月下旬—6月

**樹木単価**
42,000円/本

**環境特性**
日照　陽｜中｜陰
湿度　乾｜　｜湿
温度　高｜　｜低

**植栽可能**
関東—沖縄

**自然分布**
なし（園芸種。山口県青海島が発祥地）

**キンカン**
中国南部原産。いちばん小型の実が付くカンキツ類。果実は直径2〜3cmの球形、11〜12月に黄色に熟す。庭植えは関東以西が適している

**ユズ**
中国原産。関東地方以西で広く栽培される。果実は直径6〜7cmの扁球形で、鮮黄色に熟す。酸味が強く、芳香がある。比較的寒さに強い

**カンキツ類の鉢植え**
鉢植えに適しているのは、ウンシュウミカンなど。樹高を鉢の高さの3倍ほどに抑え、枝が重ならないよう側枝を四方に出し、ひもで吊り上げたりする

1 | アキグミ

2 | ナツグミ

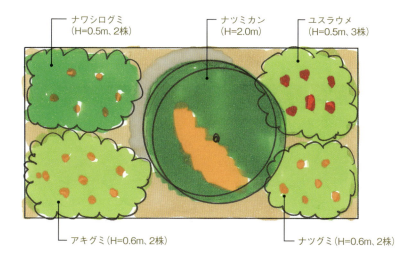

ナワシログミ（H=0.5m、2株）
ナツミカン（H=2.0m）
ユスラウメ（H=0.5m、3株）
アキグミ（H=0.6m、2株）
ナツグミ（H=0.6m、2株）

3 | ウグイスカグラ

4 | ナワシログミ

5 | マルバグミ

6 | ユスラウメ

## ［植栽の作法］
# カンキツ類を主木にして実も香りも楽しむ

　暖地の代表的な果樹であるミカン類は、簡単に庭木として利用できるものが少なくない。一般によく使われるのがナツミカン、ユズ、キンカンで、これらは比較的寒い地域でも実を付ける。

　カンキツ類は寒風の当たらない日当りのよい場所に植える。実の美味しさを求めなければ、肥料等のこまめな手入れをする必要はない

　春、サクラがすっかり終わったころに、よい香りを放つ白い花が咲き、そのあと実が付き緑から黄色に色づく。長く変化が楽しめるのもミカン類の特徴である。周囲に春遅くに実がなる樹を植栽すると、一年を通して実を楽しめる庭となる。

　ミカン類の周囲は、実を収穫しやすいように少しあけておく。それ以外の場所にユスラウメや、ナツグミ、アキグミ、ナワシログミなどのグミ類やウグイスカグラを植える。

1 アキグミ
H=0.8m　800円

2 ナツグミ
H=0.6m　1,200円

3 ウグイスカグラ
H=0.5m　900円

4 ナワシログミ
H=0.5m　850円

5 マルバグミ
H=0.5m　1,500円

6 ユスラウメ
H=0.5m　1,200円

## 常緑広葉樹

# ヒイラギ

*Osmanthus heterophyllus*

高木 / 中木

**モクセイ科モクセイ属**

**別名**
ヒラギ

**樹高**
2.0m

**枝張**
0.6m

**幹周**
—

**花期**
10月中旬—12月中旬

**熟期**
6—7月

**植栽適期**
3—4月、6—7月

**樹木単価**
7,600円／本

**環境特性**
日照 ｜陽———中—｜陰
湿度 ｜乾———｜—｜湿
温度 ｜高———｜—｜低

**植栽可能**
東北南部—沖縄

**自然分布**
関東—九州
（太平洋側は除く）

**花**

10月中旬～12月中旬に、葉の付け根に直径5mmほどの芳香のある白い小花を多数咲かせる。花冠は深く4裂しており、その裂片は反り返る

**セイヨウヒイラギ**

モチノキ科モチノキ属。葉は互生し刺があり、球状の果実は初冬に赤くなりクリスマスの飾りに用いられる。ヒイラギと似ているがヒイラギは実が黒紫色

**フイリヒイラギ**

ヒイラギの栽培種。葉の縁が白くなる。高さも2m程度にしかならない。ヒイラギより生長力がないため生垣などの刈込み物には向かない

[植栽の作法]
# 防犯利用も兼ねる濃緑の生垣

1 | ヒイラギナンテン

2 | ヒイラギモクセイ

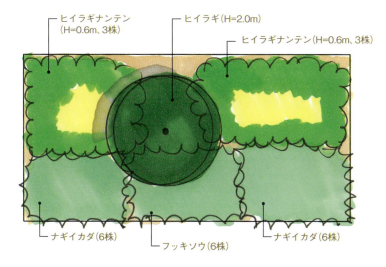

3 | ホソバヒイラギナンテン

4 | ナギイカダ

5 | フイリヤブラン

6 | フッキソウ

ヒイラギのギザギザとした葉は、触れると痛いため、防犯の役割を果たす。

陰樹であるため、日陰の庭でも植栽が可能だが、葉色が濃緑のためやや暗い印象となる。少し明るい印象にしたい場合は、葉の縁が白いフイリヒイラギを使う。

小ぶりな緑地をつくるイメージで、1.2m程度の高さのヒイラギを植え、同じく日陰に強く葉の印象が似ているヒイラギナンテンやヒイラギモクセイ、ホソバヒイラギナンテン、ナギイカダを添える。ヒイラギナンテンは早春に鮮やかな黄色い花を咲かせるので、暗い庭に明るさを加えることができる。

ナギイカダは日陰に強く葉がするどく尖っているため防犯効果も期待できる。ただし、多く植えると刈込みなどの際にヒイラギに近づけなくなるため、フッキソウやフイリヤブランなどの地被を手前に配置して量のバランスをとる。

| 1 | ヒイラギナンテン H=0.6m 1,400円 |
| 2 | ヒイラギモクセイ H=0.6m 1,200円 |
| 3 | ホソバヒイラギナンテン H=0.6m 1,000円 |
| 4 | ナギイカダ 10.5cmポット 510円 |
| 5 | フイリヤブラン 10.5cmポット 340円 |
| 6 | フッキソウ 9.0cmポット 210円 |

## 常緑広葉樹

## ビワ
*Eriobotrya japonica*

高木 — 中木

バラ科ビワ属

**別名**
ヒワ

**樹高**
2.0m

**枝張**
0.8m

**幹周**
—

**花期**
11月中旬—2月下旬

**熟期**
5—6月

**植栽適期**
3月下旬、6月下旬、9—10月
※新植は可能だが、移植は不可

**樹木単価**
7,500円/本

**環境特性**
日照｜陽——中——陰
湿度｜乾——中——湿
温度｜高——中——低

**植栽可能**
関東—沖縄

**自然分布**
関東・東海沿岸
石川以西—九州北部

**葉**
葉身は長さ15〜20cmの広倒披針形〜狭倒卵形。先端は尖り、基部はしだいに狭くなって葉柄に続く。裏面に褐色の綿毛が密生する

**実**
直径3〜4cmの広楕円形で、5〜6月に黄橙色に熟す。果実は甘く生食や缶詰に、種子はやや大型で生薬の杏仁の代用として利用される

**イヌビワ**
クワ科イチジク属。ビワと名前が似ているがイチジクの仲間。果実は秋に黒紫色に熟す。ただし実が食べられるのは雌木のみ

1 | アキグミ

2 | ナワシログミ

## [植栽の作法]
# 手間をかけずに実を楽しめる庭

　ビワを主木に選ぶならば、合わせる樹も果実が付く、実が楽しめる庭とするとよい。

　ビワはボリュームが横にも縦にも出るため、低木類と離して単独で植えるようにする。

　低木では、放っておいても食べられる実がなるグミ類がよい。ビワの隣の日当たりと風通しのよいところに植栽する。秋に実がなる常緑樹のアキグミ、海岸地方や山野に生える落葉樹のナワシログミやマルバグミなどがある。ナワシログミは苗代をつくる夏ごろに実がなることからその名をもつ。

　グミ類は生長が早いため、伸びたら大胆に剪定する。グミ類以外ではブルーベリーを使ってもよい。

　地被にはワイルドストロベリーやヘビイチゴなどが合う。ワイルドストロベリーは、たくさんではないが、食べられる実を付ける。ヘビイチゴは食べても美味しくはないが、ハーブとして活用できる。

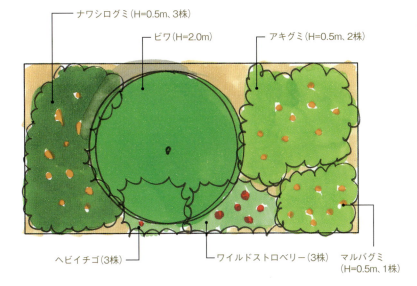

ナワシログミ（H=0.5m、3株）
ビワ（H=2.0m）
アキグミ（H=0.5m、2株）
ヘビイチゴ（3株）
ワイルドストロベリー（3株）
マルバグミ（H=0.5m、1株）

3 | ブルーベリー

4 | マルバグミ

5 | ヘビイチゴ

6 | ワイルドストロベリー

**1** アキグミ
H=0.5m　510円

**2** ナワシログミ
H=0.5m　850円

**3** ブルーベリー
H=0.5m　2,200円

**4** マルバグミ
H=0.5m　1,500円

**5** ヘビイチゴ
10.5cmポット　250円

**6** ワイルドストロベリー
10.5cmポット　500円

## 常緑広葉樹

### ベニカナメモチ

*Photinia×fraseri*

高木 — 中木

バラ科カナメモチ属

**別名**
ベニカナメ

**樹高**
1.8m

**枝張**
0.5m

**幹周**
—

**花期**
5—6月

**熟期**
10月中旬—12月

**植栽適期**
3—4月、9—10月

**樹木単価**
4,600円/本

**環境特性**
日照｜陽 — 中 — 陰
湿度｜乾 — 中 — 湿
温度｜高 — 中 — 低

**植栽可能**
東北南部—沖縄

**自然分布**
なし（園芸種。カナメモチは本州東海以西—九州）

**葉**
黄緑色の葉は革質で光沢があり、若葉は紅色。葉身は長さ6〜12cmの長楕円形で互生。先端が鋭く尖り、基部はくさび形、縁に細かい鋸歯がある

**オオカナメモチ**
バラ科カナメモチ属。中国や台湾に分布する。葉はカナメモチより大きく、葉身は長さ10〜20cmの長楕円形。古い葉は紅葉して落葉する

**セイヨウカナメモチ（レッドロビン）**
交雑種。カナメモチに比べて葉が大きく枝の茂り方がやや粗いが、耐病生に優れ、若葉の紅色が濃い。生垣によく使われる

## [植栽の作法]
# 赤と緑の対比をコンセプトにした緑地をつくる

1 | ベニバナトキワマンサク

2 | ドウダンツツジ

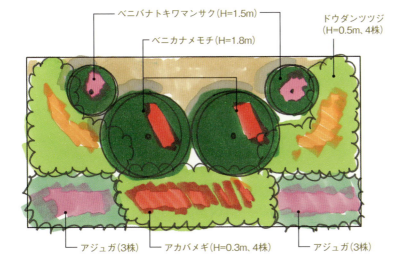

カナメモチ類は新芽が赤くなるので、この特徴をいかして、赤い葉と緑の葉の対比をテーマにした庭をつくる。そのため低木や地被も、1年を通して葉が赤いものや新芽だけが赤いもの、秋に紅葉するものなどを組み合わせて選ぶ。

1.8mくらいのベニカナメモチにベニバナトキワマンサクを添える。ベニバナトキワマンサクは通年を通して葉が赤紫で春に咲く花はピンク色。ベニカナメモチがボリュームがあるのに対し、ベニバナトキワマンサクは華奢なため対比が生まれる。

低木・地被では秋に紅葉するドウダンツツジと通年で赤い葉のアカバメギやオタフクナンテンを添えて、さまざまな赤の模様を見せる。アカバメギの花はオレンジ色で赤い実になるのも楽しめる。地被は、アジュガやヒメツルソバなどが使いやすい。

3 | アカバメギ

4 | オタフクナンテン

3 | アジュガ

6 | ヒメツルソバ

1 ベニバナトキワマンサク
H=1.5m 3,000円

2 ドウダンツツジ
H=0.5m 1,200円

3 アカバメギ
H=0.3m 1,500円

4 オタフクナンテン
10.5cmポット 1,000円

5 アジュガ
9.0cmポット 210円

6 ヒメツルソバ
9.0cmポット 250円

## 常緑広葉樹

## ホソバタイサンボク

*Magnolia grandiflora var. lanceolata*

モクレン科モクレン属

**別名**
—

**樹高**
3.0m

**枝張**
1.0m

**幹周**
12cm

**花期**
5月中旬—6月

**熟期**
11月

**植栽適期**
3月下旬—4月、
6月下旬—7月

**樹木単価**
15,500円/本

**環境特性**
日照｜陽——中——陰
湿度｜乾————湿
温度｜高————低

**植栽可能**
東北南部—沖縄

**自然分布**
北アメリカ中南部原産

**花・葉**

5〜6月に、直径12〜15cmと大型な香りのよい白い花が咲く。葉は革質で光沢があり、長さ10〜25cm。タイサンボクより葉の縁が波打たない

**タイサンボク**

モクレン科モクレン属。直径12cm〜15cmと大型の乳黄白色の強い芳香を放つ花が咲く。枝が横に伸び、広円錐形の樹形となる

**ヒメタイサンボク**

モクレン科モクレン属。北米原産の半常緑樹。東京では落葉する。タイサンボクと比べて葉が薄く、青白い緑色。花は小さく、付く数も少ない

樹木別に配植プランがわかる 植栽大図鑑［改訂版］　　　　　　　　　　　　　077

1 | ツバキ'シラタマ'

2 | オオデマリ

## ［植栽の作法］
# 大きな白い花を2階から楽しむ

　ホソバタイサンボクは、花が葉の上に付くため、2階から見下ろすようなシチュエーションで植栽を考える際に使いたい。しっかりと葉を付けるため樹木の足もとは日陰になりやすいので、中木や低木はやや日陰でも育つものを用いる。

　ホソバタイサンボクを中心において存在感を出し、左右に添える中木、低木のバランスを変えるように植栽すると収まりがよい。

　ホソバタイサンボクの白花をいかすために、合わせる低木・地被も白花のものを選ぶ。ツバキの中では小ぶりなツバキ'シラタマ'や、シロヤマブキ、タイサンボクと同じく北米原産のツツジ科の常緑広葉樹のカルミアなどがよい。オオデマリよりずっと小さな花が集まって珠のように見えるコデマリや、やや紫がかった星型の白い花を春に付ける球根植物のハナニラなども合わせやすい。

オオデマリ（H=1.2m）
ホソバタイサンボク（H=3.0m）
ツバキ'シラタマ'（H=1.5m）
カルミア（H=0.5m、2株）
ハナニラ（6株）
コデマリ（H=0.5m、2株）
シロヤマブキ（H=0.5m、3株）

3 | カルミア

4 | コデマリ

5 | シロヤマブキ

6 | ハナニラ

1　ツバキ'シラタマ'
　　H=1.5m　4,000円

2　オオデマリ
　　H=1.2m　5,600円

3　カルミア
　　H=0.5m　3,000円

4　コデマリ
　　H=0.5m　640円

5　シロヤマブキ
　　H=0.5m　750円

6　ハナニラ
　　9.0cmポット　250円

常緑広葉樹

高木／中木

## ホルトノキ
*Elaeocarpus sylvestris* var. *ellipticus*

ホルトノキ科ホルトノキ属

**別名**
モガシ、ズクノキ

**樹高**
3.0m

**枝張**
0.8m

**幹周**
15cm

**花期**
7—8月

**熟期**
11—2月

**植栽適期**
3月下旬—5月上旬、6月中旬—7月中旬、9月

**樹木単価**
16,000円/本

**環境特性**
日照｜陽—中—陰
湿度｜乾—中—湿
温度｜高—中—低

**植栽可能**
関東南部—沖縄

**自然分布**
千葉県以西の太平洋沿岸、四国、九州、沖縄

**葉**
葉身は長さ5〜12cmの倒披針形または長楕円形。葉は互生で、枝先に束生状に付く。ヤマモモに似ているが、違いは古い葉が赤く紅葉すること

**実**
長さ1.5〜2cmの楕円形。11〜2月に黒紫色に熟す。モクセイ科のオリーブの果実によく似ているが、より小型で油はとれない

**オリーブの実**
ホルトノキは「ポルトガルの木」の転訛で、元来はオリーブのことだったが、平賀源内が本種をオリーブと勘違いし、ホルトノキと呼ばれるようになった

1 | ガールマグノリア

2 | シモクレン

## [植栽の作法]
# 緑を中心に一年中彩りを楽しむ庭

　明るい葉色のホルトノキは、はっきりとした色の花や実を付けるものを合わせて一年中彩りが楽しめる庭とする。

　中木で、春に花が咲くシモクレンやガールマグノリアを添える。シモクレンやガールマグノリアはコブシの仲間で、コブシよりも花は少し遅く咲く。1本立ちではなく株状になるのが特徴で高さの割にボリュームがでて華やかな雰囲気になる。

　低木には初夏に大きい花が咲くビヨウヤナギや、梅雨に花が咲くアジサイ、夏に花が咲くイッサイサルスベリ、秋〜冬に花が咲くカンツバキ、とすれば一年中、ホルトノキの緑と低木、中木の花が楽しめる。

　ビヨウヤナギはやや日当たりが悪いところが好きなため、ホルトノキの下に配置。アジサイは高さが出るので、シモクレンなどとは反対側に置く。

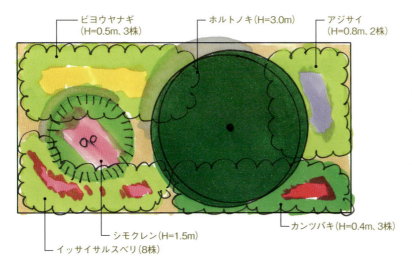

ビヨウヤナギ（H=0.5m、3株）　ホルトノキ（H=3.0m）　アジサイ（H=0.8m、2株）
シモクレン（H=1.5m）　カンツバキ（H=0.4m、3株）
イッサイサルスベリ（8株）

3 | アジサイ

4 | ビヨウヤナギ

5 | カンツバキ

6 | イッサイサルスベリ

1　ガールマグノリア
　　H=1.5m　4,500円

2　シモクレン
　　H=1.5m　2,700円

3　アジサイ
　　H=0.8m　910円

4　ビヨウヤナギ
　　H=0.5m　1,100円

5　カンツバキ
　　H=0.4m　2,300円

6　イッサイサルスベリ
　　H=0.2m　2,500円

常緑広葉樹

高木 — 中木

## マテバシイ

*Lithocarpus edulis*

ブナ科マテバシイ属

**別名**
マテバガシ、マテガシ、マテジイ、サツマジイ

**樹高**
2.5m

**枝張**
0.5m

**幹周**
—

**花期**
6月

**熟期**
10月(翌年)

**植栽適期**
3月下旬—5月、6月下旬—7月中旬、9—10月

**樹木単価**
4,400円/本

**環境特性**
日照 |陽———中—|—陰
湿度 |乾—|———湿
温度 |高—|———低

**植栽可能**
東北南部—沖縄

**自然分布**
九州、沖縄

**葉**
厚い革質で光沢をもち、表面は濃緑色、裏面は灰緑褐色で細かい鱗毛が生えている。葉身は長さ9〜20cmの倒卵状長楕円形で互生し、全縁

**花**
花期は6月。雄花・雌花とも穂状花序で葉の付け根から直立する。雄花は黄褐色で長さ5〜8cm、雌花は緑色で長さ5〜9cm

**実**
長さ2〜3cmの長楕円形で、翌年の秋に熟す。下部は直径約1.5cmの椀状の殻斗に包まれる。外面には鱗片が瓦重ね状に並んでいる

1 | ウバメガシ

2 | キンモクセイ

## ［植栽の作法］
# 往来の多い道路沿いでの防音効果に期待

マテバシイは、葉が大きく密に付くため、列植して緑の壁をつくると、遮蔽性が高まり防音効果が期待できる。大気汚染にも強いため、街なかの人や車の往来のあるような場所に最適な樹種である。

往来の激しい場所では、合わせる樹木にも大気汚染に強いものを選ぶようにする。中木ではウバメガシ、イヌツゲ、サザンカ、低木ではシャリンバイ、ヒラドツツジのオオムラサキツツジ、トベラなどがよい。

幅2mくらいの庭では、2～3本を並べ、その間に中木を植える。常緑樹で緑が中心の庭になるので、花の色を取り込みたいならばサザンカを、香りを楽しみたいならばキンモクセイなどを合わせる。

下部の枝がない樹形となることが多く、空間があくため、オオムラサキツツジやシャリンバイなどのボリュームのある常緑低木を組み合わせて密度を出す。

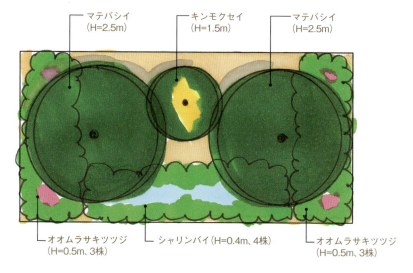

3 | サザンカ

4 | イヌツゲ

5 | オオムラサキツツジ

6 | シャリンバイ

1 ウバメガシ
H=2.0m 4,600円

2 キンモクセイ
H=1.5m 2,300円

3 サザンカ
H=1.5m 2,000円

4 イヌツゲ
H=0.5m 680円

5 オオムラサキツツジ
H=0.5m 960円

6 シャリンバイ
H=0.4m 680円

## 常緑広葉樹

### モチノキ
*Ilex integra*

高木 / 中木

モチノキ科モチノキ属

**別名**
モチ

**樹高**
2.5m

**枝張**
0.7m

**幹周**
—

**花期**
4月

**熟期**
11月

**植栽適期**
2月下旬―4月、
6月下旬―7月中旬

**樹木単価**
9,200円/本

**環境特性**
日照｜陽―中―陰
湿度｜乾―――湿
温度｜高―――低

**植栽可能**
東北中部―沖縄

**自然分布**
関東以南―沖縄

**葉**
葉身は長さ4〜7cm、幅2〜3cmの楕円形で互生する。葉色は濃緑色で、ぺたっとした革質。葉は水分を多く含んでいるため、防火樹にもなる

**花**
雄花・雌花とも直径8mmほどの黄緑色の小花で、雄花は数個ずつ、雌花は1〜2個ずつ葉の付け根に咲く。花期は4月ごろ

**実**
直径1cmほどの球形の核果で、内部には種子が1個ある。はじめは淡い緑色だが、11月に赤色に熟し、鳥が好んで食べる

[植栽の作法]
# やわらかい印象の緑の壁で庭の背景をつくる

モチノキは、常緑の背景をつくるときに向いている。同じような使い方ができる樹木にはモッコクやサカキ、シキミ、アラカシなどがある。モチノキはそのなかでもやや黄緑がかった明るめの緑色の葉をもつので、ソフトな印象を与える。

モチノキは列植してフラットな感じに仕上げ、手前の中木や低木で立体感や季節感をつくるようにする。中木には、紫葉のベニバナトキワマンサクやスモークツリーを入れると葉の色に対比が生まれ面白い。小さな黄色の実がなるキンカンなどもモチノキの緑の葉に映える。

モチノキは、一年を通しほとんど変化がないので、低木や地被には花などで季節を演出できる樹種を選ぶ。春は花が目立つキリシマツツジ、秋は紅葉の美しいドウダンツツジ。球根植物のヒガンバナを添えると秋の到来を感じさせてくれる。

1 | キンカン

2 | スモークツリー（赤葉）

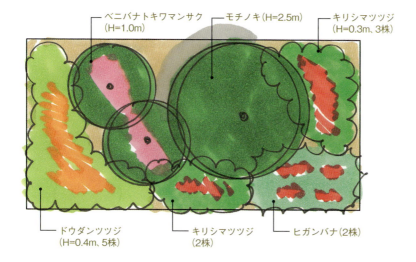
ベニバナトキワマンサク（H=1.0m）／モチノキ（H=2.5m）／キリシマツツジ（H=0.3m、3株）／ドウダンツツジ（H=0.4m、5株）／キリシマツツジ（2株）／ヒガンバナ（2株）

3 | ベニバナトキワマンサク

4 | ドウダンツツジ

5 | キリシマツツジ

6 | ヒガンバナ

1 キンカン　H=1.0m　5,000円
2 スモークツリー　H=1.0m　4,000円
3 ベニバナトキワマンサク　H=1.0m　2,700円
4 ドウダンツツジ　H=0.4m　740円
5 キリシマツツジ　H=0.3m　460円
6 ヒガンバナ　10.5cmポット　230円

常緑広葉樹

高木 — 中木

# モッコク

*Ternstroemia gymnanthera*

ツバキ科モッコク属

**別名**
—

**樹高**
2.5m

**枝張**
0.8m

**幹周**
—

**花期**
6—7月

**熟期**
10—11月

**植栽適期**
3—5月、6月下旬—7月上旬、9月—10月中旬

**樹木単価**
16,500円／本

**環境特性**
日照｜陽——中——陰
湿度｜乾————湿
温度｜高————低

**植栽可能**
関東—沖縄

**自然分布**
千葉県以西の沿岸部、四国—沖縄

**葉**

暗緑色の葉は厚い革質で光沢があり、葉脈が見えない。葉は4〜7cmの卵状楕円形で枝先に集まって互生する。葉先は丸く、葉縁は全縁

**実**

果実は肉質で、直径10〜15mmの球形〜楕円形。10〜11月に赤く熟す。熟すと、厚い果皮が不規則に裂け、橙赤色の種子が現れる

**モチノキ**

モッコクと樹形の印象が似ているが別種で、モチノキ科モチノキ属。別名ホンモチ。秋に赤く熟す実を付けるが、モッコクに比べて光沢感がない

樹木別に配植プランがわかる 植栽大図鑑［改訂版］　　　　　　　　　　085

1 | ツバキ類

2 | ムラサキシキブ

## ［植栽の作法］
# 照りのある葉で高級感を演出

　明るい緑色で光沢のある葉をもつモッコクは、庭に高級な雰囲気をもたらすことができる樹種である。日本庭園でよく使われるが、どんな庭にでも調和する使い勝手のよい樹で、針葉樹を添えると和的になり、落葉樹を混ぜていくと洋的な雰囲気にもなる。

　モッコクは中心を少し外したところに配置し、大きく開いた側に中木を2本入れる。モッコク寄りにはムラサキシキブやガマズミのような落葉樹を、反対側にはツバキ類を入れ、モッコクとともに緑の艶やかな雰囲気をつくる。

　あまりかっちりとした印象にしたくないならば、モッコクとツバキの間に落葉樹を入れる。逆にアベリアのように形がふわっとしたものを混ぜるとモッコクの個性がよりはっきりする。

　ツバキの逆側にやや大きめのアジサイを植え、手前にはやや形の整うヒサカキを置く。

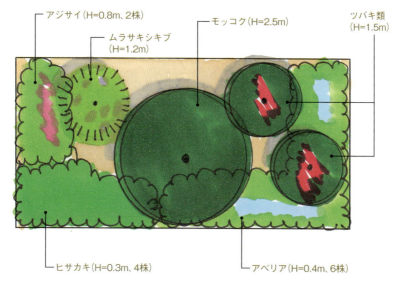

アジサイ（H=0.8m、2株）
ムラサキシキブ（H=1.2m）
モッコク（H=2.5m）
ツバキ類（H=1.5m）
ヒサカキ（H=0.3m、4株）
アベリア（H=0.4m、6株）

3 | ガマズミ

4 | アジサイ

5 | アベリア

6 | ヒサカキ

1　ツバキ類　H=1.5m　4,500円

2　ムラサキシキブ　H=1.2m　2,500円

3　ガマズミ　H=1.0m　1,200円

4　アジサイ　H=0.8m　910円

5　アベリア　H=0.4m　480円

6　ヒサカキ　H=0.3m　480円

## 常緑広葉樹

### ヤブツバキ

*Camellia japonica*

高木 — 中木

ツバキ科ツバキ属

**別名**
ヤマツバキ、カタシ

**樹高**
2.0m

**枝張**
0.6m

**幹周**
—

**花期**
2—4月

**熟期**
9—10月

**植栽適期**
3—4月上旬、
6月下旬—7月、9月

**樹木単価**
8,700円/本

**環境特性**
日照 | 陽 —中— 陰
湿度 | 乾 —　— 湿
温度 | 高 —　— 低

**植栽可能**
東北—沖縄

**自然分布**
東北—沖縄

**花**
花期は2〜4月。5個の花弁をもつ赤色の花が枝先に1個ずつ咲く。花弁は長さ3〜5cmで筒状に咲き、ツバキのように平らには開かない

**ユキツバキ**
日本海側の積雪地に分布する低木。和名は雪の多い地方に生育することからなる。別名オクツバキ、ハイツバキ。花色はヤブツバキに似る

**ワビスケツバキ**
ヤブツバキなどに比べて花は小型で、花がしっかり開かない。おちょぼ口のようになるのが特徴。色は紅や濃い桃色、薄い桃色などがある

樹木別に配植プランがわかる 植栽大図鑑［改訂版］

1｜ガクアジサイ

2｜ナンテン

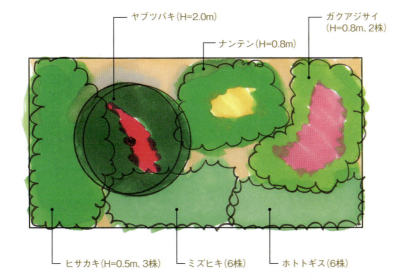

ヤブツバキ（H=2.0m）
ナンテン（H=0.8m）
ガクアジサイ（H=0.8m、2株）
ヒサカキ（H=0.5m、3株）
ミズヒキ（6株）
ホトトギス（6株）

3｜ヤマブキ

4｜ヒサカキ

5｜ホトトギス

6｜ミズヒキ

## ［植栽の作法］
# 半日陰の庭に冬、鮮やかな花の色を入れる

　暖地の野山で見られる赤い花のツバキ。茶道で使われる茶花の代表樹木でもある。冬から春にかけて色鮮やかに咲く花は、この樹の最大の魅力である。

　ヤブツバキは日当たりのよい乾燥したところは好まないため、しっとりとした半日陰の空間で、花を引き立たせるように配植することがポイントである。

　主木には2.0m前後のものを利用する。ツバキと同じく茶花として利用できるナンテンを、ツバキより少し小ぶりの高さにおさえて添える。アジサイも合わせやすいが、ガクアジサイのほうが、よりしっとりとした感じになる。

　足もとは緑の密度を高めるよう意識して締める。低木は、ヒサカキをベースにして春に花が楽しめるヤマブキを、地被にはホトトギスやミズヒキなどの野草の風情をもったものを添える。

1　ガクアジサイ
　　H=0.8m　1,100円

2　ナンテン
　　H=0.8m　1,200円

3　ヤマブキ
　　H=0.8m　850円

4　ヒサカキ
　　H=0.5m　850円

5　ホトトギス
　　10.5cmポット　330円

6　ミズヒキ
　　10.5cmポット　200円

常緑広葉樹

## ヤブニッケイ
*Cinnamomum yabunikkei*

高木 — 中木

クスノキ科ニッケイ属

**別名**
マツラニッケイ(松浦肉桂)、クスタブ、クロダモ

**樹高**
2.5m

**枝張**
0.8m

**幹周**
—

**花期**
6月

**熟期**
10—11月

**植栽適期**
3月下旬—4月、6月下旬—7月中旬、9月

**樹木単価**
12,000円/本

**環境特性**
日照｜陽——中——陰
湿度｜乾——中——湿
温度｜高————低

**植栽可能**
福島以南—沖縄

**自然分布**
近畿—沖縄

**葉**
葉身は長さ7〜10cmの長楕円形で互生。3脈が目立ち、2本の側脈は肩のあたりで消える(ニッケイは側脈が葉の先端まで達する)。芳香がある

**花**
6月に枝先の葉脈から長い柄を出し、淡黄緑色の小さな花が散形状に数個ずつ付く。花被は筒形で上部は6裂する。香りはほとんどない

**ニッケイ**
クスノキ科クスノキ属、別名シナモン、ニッキ。ニッケイは九州、沖縄に自然分布している。ヤブニッケイよりも葉の香りが強いのが特徴

## ［植栽の作法］
# 目隠しと防風を兼ねた緑の壁をつくる

1 | サンゴジュ

2 | ヤブツバキ

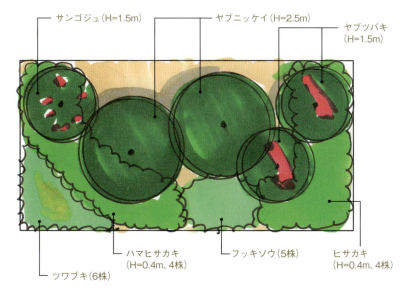

サンゴジュ（H=1.5m）　ヤブニッケイ（H=2.5m）　ヤブツバキ（H=1.5m）
ツワブキ（6株）　ハマヒサカキ（H=0.4m、4株）　フッキソウ（5株）　ヒサカキ（H=0.4m、4株）

3 | ハマヒサカキ

4 | ヒサカキ

5 | ツワブキ

6 | フッキソウ

ヤブニッケイは、暖地の野山に普通にみられる樹木である。花や実は目立たないが、生長がよく、葉もよく茂るため、隣地との目隠しを目的とした植栽に適している。また、潮風にやや耐えるため、海から少し離れた場所での防風機能を期待した利用も可能だ。

葉の色がやや暗いため、ヤブニッケイだけで緑の壁をつくると圧迫感が生まれる。隣地の視線や風の通りが気になる場所に重点的に植え、それ以外のところには、葉色がやや明るめの樹種を混ぜるようにする。同じように目隠しと防風の効果のあるサンゴジュやヤブツバキなどを植えると、実や花を楽しめる庭となる。

ヤブニッケイの手前には、やや日当たりが悪くても育つヒサカキやハマヒサカキなどの低木や、ツワブキやフッキソウなどの地被を添え圧迫感を軽減させる。

1 サンゴジュ　H=1.5m　2,200円
2 ヤブツバキ　H=1.5m　4,400円
3 ハマヒサカキ　H=0.4m　800円
4 ヒサカキ　H=0.4m　900円
5 ツワブキ　10.5cmポット　280円
6 フッキソウ　9.0cmポット　210円

常緑広葉樹 | 高木 | 中木

## ヤマグルマ

*Trochodendron aralioides*

ヤマグルマ科
ヤマグルマ属

**別名**
トリモチノキ

**樹高**
2.0m

**枝張**
1.0m

**幹周**
—

**花期**
5〜6月

**熟期**
11—12月

**植栽適期**
3月、6—7月、9—10月

**樹木単価**
18,000円/本

**環境特性**
日照 | 陽——中——陰
湿度 | 乾———湿
温度 | 高———低

**植栽可能**
東北中部—沖縄

**自然分布**
東北南部—九州

**葉**
枝先に輪生状に集まって付く。葉身は長さ5〜14cmの広倒卵形または長卵形。先端は尾状に尖り、基部はくさび形。縁には鈍い波状の鋸歯がある

**花**
5〜6月、枝先に長さ7〜12cmの総状花序を出し、黄緑色の花を多数付ける。花は直径約1cmでがくはない。雄しべは多数、5〜10個輪生する

**ヤマビワ**
名に「ビワ」と付くがバラ科のビワと異なり、アワブキ科。葉は輪生状ではないが枝先に密集して付くため雰囲気は似る。ややにぶい緑色

1 | アズマシャクナゲ

2 | セイヨウシャクナゲ

## [植栽の作法]
# 個性的な葉や樹形を強調する

ヤマグルマは、あまり聞き慣れない樹木だが、非常に生長が遅いため手入れがしやすく、戸建住宅の植栽に利用しやすい樹である。

野趣ある樹姿だが、車輪状に出る葉や丸い樹形が少しトロピカルな印象も与える。大きく派手な花を付ける樹木と組み合わせて、個性的な形があふれる庭とする。

ヤマグルマは、高さと葉張りがほぼ同じになるため、横の広がりも十分考慮して場所を決める。

庭スペースの右か左のどちらかに寄せてヤマグルマを植え、あいたスペースにシャクナゲ類を置く。

低木にも、同じように花の印象の強いヤマツツジや、樹形が乱れるアセビを合わせる。地被はヤブランなどやや丈のあるものを入れる。

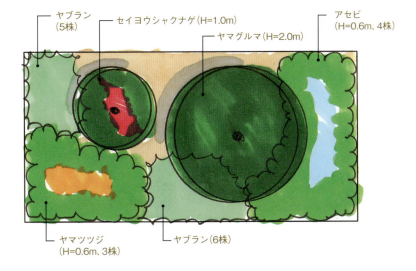

ヤブラン（5株）／セイヨウシャクナゲ（H=1.0m）／ヤマグルマ（H=2.0m）／アセビ（H=0.6m、4株）／ヤマツツジ（H=0.6m、3株）／ヤブラン（6株）

3 | アセビ

4 | ヤマツツジ

5 | クマザサ

6 | ヤブラン

1 アズマシャクナゲ
H=1.0m　9,000円

2 セイヨウシャクナゲ
H=1.0m　1,500円

3 アセビ
H=0.6m　1,900円

4 ヤマツツジ
H=0.6m　1,100円

5 クマザサ
12.0cmポット　440円

6 ヤブラン
10.5cmポット　230円

## 常緑広葉樹

### ヤマモモ
*Morella rubra*

高木／中木

**ヤマモモ科ヤマモモ属**

**別名**
シブキ

**樹高**
3.0m

**枝張**
0.8m

**幹周**
15cm

**花期**
4—5月中旬

**熟期**
6—7月

**植栽適期**
6—7月

**樹木単価**
20,500円/本

**環境特性**
日照｜陽——中————陰
湿度｜乾——中————湿
温度｜高————————低

**植栽可能**
関東—沖縄

**自然分布**
房総半島南部、
福井県以西—沖縄

**葉**
つやのない濃い緑色の葉は革質で、葉脈が隆起している。葉身は長さ5～12cmの倒披針形で、密に互生する。葉縁は全縁

**実**
直径1.5～2cmの球形で、6月に紅色から暗赤色に熟し、食べられる。果実は甘酸っぱく、生食のほか、砂糖漬けやジャムなどにしてもよい。

**モモ**
バラ科モモ属。ヤマモモと名前が似ているが、全く別の科属の種。7～8月に、ヤマモモより大型な食用できる果実が黄白～紅色に熟す

1 | オトコヨウゾメ

2 | ガマズミ

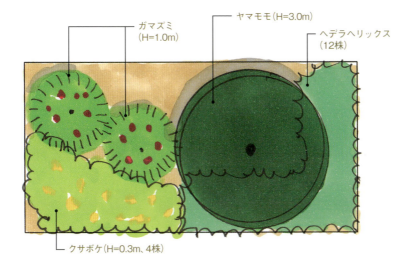

ガマズミ（H=1.0m）
ヤマモモ（H=3.0m）
ヘデラヘリックス（12株）
クサボケ（H=0.3m、4株）

## [植栽の作法]
# 実が食べられる樹を集めて収穫を楽しむ

ヤマモモは雌雄異株で雌株は初夏に甘い実を付ける果樹的な特徴もある。ヤマモモを植える場合は、ほかにも食べられる実がなる樹木を植え、収穫を楽しめる庭としたい。

ヤマモモは比較的日陰でも耐えるが、実を楽しむには日当たりのよいところに植える。

中木には落葉広葉樹のガマズミを置く。春に白い花が咲き、秋に赤い実が付き鑑賞性が高い。実は、酸っぱくてそのままでは食べられないが、果実酒に利用できる。

低木では、クサボケが春の花と、秋の大きな黄色の実を楽しめる。ユスラウメを入れると食用できる実が春に付く。

ヤマモモは下に枝が広がるうえ、実を収穫することを考慮して、足もとにはほとんど何も植えないようにする。ただし、そのままでは寂しいので、ヘデラヘリックスやコトネアスターで緑の密度を上げる。

3 | ハマヒサカキ

4 | ユスラウメ

5 | クサボケ

6 | ヘデラヘリックス

1 オトコヨウゾメ
H=1.0m　1,800円

2 ガマズミ
H=1.0m　1,200円

3 ハマヒサカキ
H=0.5m　1,100円

4 ユスラウメ
H=0.4m　900円

5 クサボケ
H=0.3m　700円

6 ヘデラヘリックス
9.0cmポット　220円

## ユズリハ

*Daphniphyllum macropodum*

常緑広葉樹 / 高木・中木

ユズリハ科ユズリハ属

**別名**
ユズルハ

**樹高**
2.5m

**枝張**
1.0m

**幹周**
—

**花期**
4—5月

**熟期**
10—11月

**植栽適期**
3—4月、9月

**樹木単価**
14,500円/本

**環境特性**
日照 | 陽 ——|—— 陰
湿度 | 乾 ——|—— 湿
温度 | 高 —|—— 低

**植栽可能**
東北南部—沖縄

**自然分布**
関東・東海—沖縄

**葉**
互生し、枝先に集まって付く。葉身は長さ8〜20cmの長楕円形〜倒披針形。先端は短く尖り、基部はくさび形。枝が紫色を帯びる

**花**
葉の付け根から長さ4〜8cmの総状花序を出し、花弁もがくも片もない小さな花を多数付ける。雄花・雌花とも花は黄緑色

**ヒメユズリハ**
別名オヤコグサ。ユズリハより葉や花が小さく、ユズリハが果実や葉が垂れ下がるのに対し、ヒメユズリハは垂れ下がらない

1 | ユズ

2 | ナツミカン

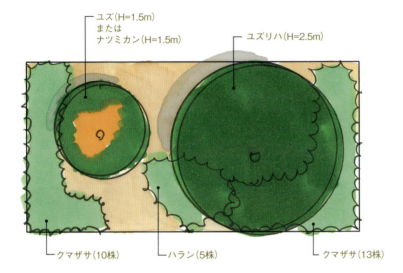

ユズ(H=1.5m)またはナツミカン(H=1.5m)　ユズリハ(H=2.5m)
クマザサ(10株)　ハラン(5株)　クマザサ(13株)

3 | アオキ

4 | セイヨウバクチノキ

5 | クマザサ

6 | ハラン

## [植栽の作法]
# 大きな葉で熱帯的な印象をつくる

　ユズリハの長い葉が車輪状に枝先に付く様子は、熱帯植物のような印象を与える。添える樹木にユズやナツミカンなど、大きな実のなる柑橘類を並べると、その印象がより強まる。

　日当たりのよい庭で、中心を少し外すようにユズリハを植える。

　ユズリハもユズ、ナツミカンも比較的葉の大きくはっきりとしたシルエットのため、低木や地被もはっきりしたシルエットのものを利用する。低木にはアオキやセイヨウバクチノキ、地被ではクマザサやハランなどがよい。

　ユズリハは、新しい葉が古い葉と入れ替わるように出てくる性質から「代々家系がつづく」ことを連想させる縁起木とされ、正月の餅飾りなどによく使われてきた。庭の主木を選ぶ際には「縁木のよいストーリー」に着目するのも手である。

1 ユズ
H=2.0m　12,000円

2 ナツミカン
H=1.5m　6,000円

3 アオキ
H=0.5m　960円

4 セイヨウバクチノキ
H=0.5m　2,500円

5 クマザサ
12cmポット　440円

6 ハラン
12cmポット　440円

## 落葉針葉樹

高木／中木

## イチョウ

*Ginkgo biloba*

イチョウ科イチョウ属

**別名**
ギンナン、チチノキ

**樹高**
2.5m

**枝張**
0.8m

**幹周**
—

**花期**
4—5月

**熟期**
10月

**植栽適期**
11月下旬—3月

**樹木単価**
7,500円／本

**環境特性**
日照｜陽——中——陰
湿度｜乾——中——湿
温度｜高——中——低

**植栽可能**
北海道—沖縄

**自然分布**
なし（中国原産）

**葉**
鮮やかな緑色で秋に黄葉する。葉身は幅5〜7cmの扇形で中央に切込みがある。長枝では互生し、短枝では数枚が1カ所に付く

**実**
熟期は10月。直径2〜3cmの核果で、黄色の外種皮には悪臭がある。白色で硬い内種皮は「ギンナン」と呼ばれ、食用になる

**気根**
イチョウの老木には、枝か幹から「乳」と呼ばれる乳房状の突起（気根の一種）が発達する。子宝や安産のシンボルとして信仰の対象にもなっている

樹木別に配植プランがわかる 植栽大図鑑［改訂版］　　　　　　　　　　　　　097

1｜レイランドヒノキ

2｜アスナロ

## ［植栽の作法］
# 円錐形をいかしシャープな印象を強める

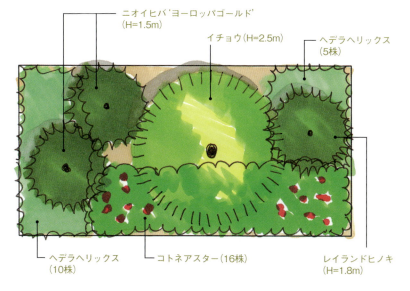

ニオイヒバ'ヨーロッパゴールド'（H=1.5m）
イチョウ（H=2.5m）
ヘデラヘリックス（5株）
ヘデラヘリックス（10株）
コトネアスター（16株）
レイランドヒノキ（H=1.8m）

3｜ニオイヒバ'ヨーロッパゴールド'

4｜コトネアスター

5｜ヘデラヘリックス

公園木としてよく使われるイチョウは、剪定に強く横張りより縦に伸びるため、やや狭い空間でも植栽可能である。スペースがあまりとれない戸建住宅の庭でも庭木としても使用できる。

イチョウの魅力はなんといっても秋の黄葉だが、ここではもう1つの魅力である「円錐の樹形」をいかしたシャープな植栽デザインを提案する。

イチョウの樹形を引き立たせるために、組み合わせる中木も樹形が円錐状になるものを選ぶ。レイランドヒノキやアスナロ、ニオイヒバ'ヨーロッパゴールド'などコニファーが合わせやすい。低木は中木の下枝が干渉しないようにあまり高くならないものを植える。

イチョウは落葉数が多いため、下部が掃除しやすいことが重要である。落葉樹にすると枝の間に葉が落ちてしまい掃除が大変なため、低木には常緑のコトネアスター、地被ではヘデラなどがよい。

1　レイランドヒノキ
　　H=1.8m　4,000円

2　アスナロ
　　H=1.5m　9,000円

3　ニオイヒバ
　　'ヨーロッパゴールド'
　　H=1.5m　4,000円

4　コトネアスター
　　H=0.2m　230円

5　ヘデラヘリックス
　　9.0cmポット　220円

## 落葉広葉樹

### アカシデ
*Carpinus laxiflora*

高木／中木

カバノキ科クマシデ属

**別名**
シデノキ、コソネ、ソロ

**樹高**
3.0m

**枝張**
0.8m

**幹周**
株立ち

**花期**
5月

**熟期**
10月

**植栽適期**
12—3月

**樹木単価**
14,500円／本

**環境特性**
日照｜陽—中—陰
湿度｜乾—中—湿
温度｜高—中—低

**植栽可能**
北海道—九州

**自然分布**
北海道—九州

**イヌシデ**
カバノキ科クマシデ属、別名シロソデ、ソロ、シロソロ、ソネ。生長が早く、剪定に耐えるが、煙害・潮害にやや弱い。樹皮は白っぽい縦縞模様が目立つ

**クマシデ**
カバノキ科クマシデ属、別名イシシデ、カタシデ。葉身は長さ5〜10cmの長楕円形で、イヌシデより葉が細い。樹皮にはミミズばれのような模様がある

**サワシバ**
カバノキ科クマシデ属、別名サワシデ、ヒメサワシデ。クマシデより葉の側脈が少なく、葉身の基部が深いハート形である。湿気のある場所を好む

1 | ムラサキシキブ

2 | ガマズミ

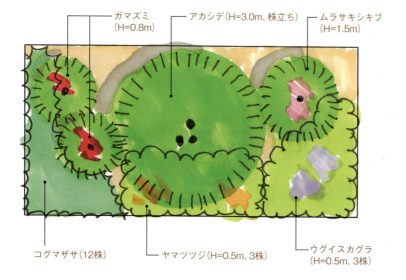

ガマズミ（H=0.8m）　アカシデ（H=3.0m、株立ち）　ムラサキシキブ（H=1.5m）

コグマザサ（12株）　ヤマツツジ（H=0.5m、3株）　ウグイスカグラ（H=0.5m、3株）

3 | ウグイスカグラ

4 | ヤマツツジ

5 | クマザサ

6 | コグマザサ

## [植栽の作法] 雑木林のような趣を演出する

　アカシデやイヌシデは「ソロ」とも言われ、関東の雑木林を構成する主要な樹木である。雑木林のような庭をつくりたいときには欠かせない。イヌシデに比べてアカシデのほうが優しく小ぶりな雰囲気がある。小さな空間で雰囲気をつくりたいときは株立ちのものを利用する。

　アカシデを1本だけ立たせるのではなく、中木も添えて雑多感を出す。ウグイスカグラのほかには、暖地では常緑になるヤマツツジ、実の楽しめるムラサキシキブやガマズミなどがよい。

　雑木林はほぼ落葉樹で構成されていることから、雑木風の庭では合わせる中木や低木も落葉樹にする。ただし落葉樹だけだと冬に緑がなくなり寂しい印象の庭になるので、地被には冬でも緑が残るササ類を使う。やや草丈を出したいときはクマザサ、逆に低く抑えたいときはコグマザサを使う。

1　ムラサキシキブ
　H=1.5m　3,000円

2　ガマズミ
　H=0.8m　820円

3　ウグイスカグラ
　H=0.5m　1,500円

4　ヤマツツジ
　H=0.5m　800円

5　クマザサ
　12.0cmポット　440円

6　コグマザサ
　10.5cmポット　200円

## 落葉広葉樹

### アキニレ
*Ulmus parvifolia*

高木／中木

ニレ科ニレ属

**別名**
イシゲヤキ、カワラゲヤキ、ヤマニレ

**樹高**
2.5m

**枝張**
0.8m

**幹周**
—

**花期**
9—10月

**熟期**
12月

**植栽適期**
12—3月

**樹木単価**
5,400円/本

**環境特性**
日照 ｜陽——中——陰
湿度 ｜乾————湿
温度 ｜高————低

**植栽可能**
北海道南部—九州

**自然分布**
東海—九州

**葉**
落葉樹だが厚さがあり、濃緑色の葉は革質で、光沢をもつ。葉身は長さ2.5〜5cmの長楕円形。先端は鋭く、縁には鈍い鋸歯がある

**ハルニレ**
ニレ科ニレ属。別名ニレ、エルム。日本ではニレといえばハルニレを指すことが多い。冷涼地を好み、北海道では街路樹に用いられている

**セイヨウハルニレ（エルム）**
ヨーロッパ、西アジア原産。落葉樹。ヨーロッパでは街路樹や公園樹として利用される。英語ではニレの仲間をエルムという

1 | フヨウ

2 | ムクゲ

## [植栽の作法]
# 緑陰の下で夏に咲く花を楽しむ庭とする

アキニレは落葉広葉樹のなかでは葉が厚く、潮風や日射に強い。やわらかな印象を与える樹だが、乾燥に強いため街路樹にもよく利用される。

このような特性から、日当たりが強く西日も厳しく当たる敷地でも利用可能である。夏に花を付けるムクゲやサルスベリと合わせて、緑陰のもとで夏の花を楽しめる庭としたい。

中心に伸びる主幹は真っ直ぐに伸びることが少なく、やや斜めに乱れる。配植する際には、中心からややずらした位置にアキニレを植え、広くあいたスペースにムクゲやサルスベリを植えるようにする。

低木は常緑のトベラやハマヒサカキを中心に、ボリュームが出るフヨウを入れる。地被にはフイリヤブランやミスキャンタスを入れるとさわやかになる。

アキニレは生長があまり早くないため、狭い空間では中木を合わせないで、低木だけで構成するほうがよい。

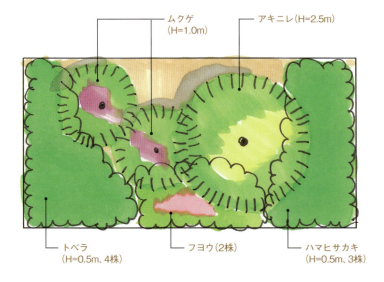

ムクゲ（H=1.0m）
アキニレ（H=2.5m）
トベラ（H=0.5m、4株）
フヨウ（2株）
ハマヒサカキ（H=0.5m、3株）

3 | トベラ

4 | ハマヒサカキ

5 | フイリヤブラン

6 | ミスキャンタス

1 フヨウ
H=1.0m　1,800円

2 ムクゲ
H=0.8m　1,200円

3 トベラ
H=0.5m　1,100円

4 ハマヒサカキ
H=0.5m　1,100円

5 フイリヤブラン
10.5cmポット　340円

6 ミスキャンタス
9.0cmポット　300円

## 落葉広葉樹

### アズキナシ
*Aria alnifolia*

高木―中木

バラ科アズキナシ属

**別名**
ハカリノメ

**樹高**
3.0m

**枝張**
1.0m

**幹周**
12cm

**花期**
5―6月

**熟期**
10月

**植栽適期**
11―1月

**樹木単価**
14,100円/本

**環境特性**
日照 陽―中―陰
湿度 乾―湿
温度 高―低

**植栽可能**
北海道―九州

**自然分布**
北海道―九州

**花**
5～6月頃に、新しい枝先に複散房花序を出して、直径1～1.5cmのウメのような白い花を5～20個付ける。花弁は円形で、平開する

**実**
秋に赤く熟し、長さ8～10mmの楕円形。果実が小さいことから「アズキ」の名がついた。表面にはナシのような白色の皮目がある

**ヤマナシ**
バラ科ナシ属。ナシの原種で本州～九州の山に自生する。花は白く、実は2～3cmと小さく果肉も硬く酸っぱいため、食用にはあまり向かない

1 | ヤブデマリ

2 | キブシ

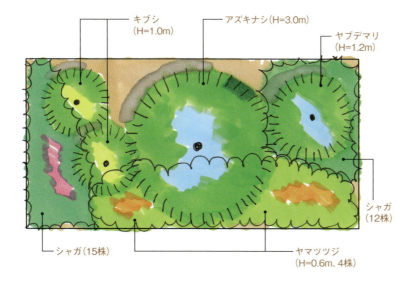

キブシ（H=1.0m）
アズキナシ（H=3.0m）
ヤブデマリ（H=1.2m）
シャガ（12株）
シャガ（15株）
ヤマツツジ（H=0.6m、4株）

3 | ミツバツツジ

4 | ヤマツツジ

5 | ヤマブキ

6 | シャガ

## [植栽の作法]
# 雑木風の庭に花の楽しみを取り込む

　アズキナシの名は、聞き慣れないかもしれないが、実だけでなく、春の白い花や、秋の紅葉も楽しめる、使い勝手のよい樹木である。特に庭を雑木風にデザインしたいと考えている場合は、ぜひ検討したい落葉広葉樹である。

　アズキナシは西日を嫌うため、東南方向の庭が適地である。合わせる樹木も落葉樹を中心にして、整然とならないものを選ぶ。

　花木を混ぜる場合は、アズキナシと花期がずれたものを選ぶ。濃い色、派手な印象のものを避け、キブシやヤブデマリ、ミツバツツジなど落ち着いたものを選ぶ。

　低木にはヤマツツジやヤマブキ、地被にはシャガを入れて山の風情をつくる。

1 ヤブデマリ
H=1.2m　4,500円

2 キブシ
H=1.0m　4,000円

3 ミツバツツジ
H=0.6m　1,100円

4 ヤマツツジ
H=0.6m　1,100円

5 ヤマブキ
H=0.4m　460円

6 シャガ
10.5cmポット　250円

落葉広葉樹

## アメリカザイフリボク

*Amelanchier canadensis*

高木―中木

バラ科ザイフリボク属

**別名**
ジューンベリー

**樹高**
2.5m

**枝張**
0.8m

**幹周**
―

**花期**
3―4月

**熟期**
5―6月

**植栽適期**
12―3月

**樹木単価**
18,000円/本

**環境特性**
日照　陽――中――陰
湿度　乾――中――湿
温度　高――中――低

**植栽可能**
北海道南部―九州

**自然分布**
北アメリカ北東部原産

**花**
3～4月に、葉より先立ち枝先に細い5つの花弁をもつ1cm前後の白い花が房上になって咲き始める。花は樹冠を覆うように咲く

**実**
直径6～10mmの球形のナシ状果。5～6月に赤色～紫色に熟し、甘く美味しい。鳥も好んで食す。生食のほか、ジャムや果実酒にして楽しめる

**ザイフリボク**
別名シデザクラ、ニレザクラ。本州中南部～九州に分布。4～5月ごろに白い花を付けるが、アメリカザイフリボクよりも花付きがよくない

1 | リキュウバイ

2 | キンシバイ

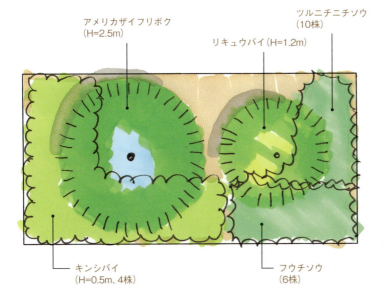

アメリカザイフリボク（H=2.5m）
ツルニチニチソウ（10株）
リキュウバイ（H=1.2m）
キンシバイ（H=0.5m、4株）
フウチソウ（6株）

## [植栽の作法]
# 異国の透明感のある緑をいかす

　アメリカザイフリボクは、非常に丈夫で手入れがしやすい樹木である。また、花や実、葉などの鑑賞性も高いため、庭木として利用しやすい樹種である。特に明るい緑色をした丸形の葉は可愛らしく、あまり密に付かず、透明感のある雰囲気をつくり出すので、この点をいかすような緑地のデザインを考える。

　アメリカザイフリボクは緑地スペースの中央を外して配置する。やや長方形の縦長の樹形になるため、脇には横広がりの樹形をもつリキュウバイを植えてバランスをとる。

　低木には、春に比較的長い間、黄色の花を咲かせるキンシバイやヒペリカムヒデコートを添える。地被に紫色の花が落ち着いた雰囲気を出すツルニチニチソウと、風にそよぐような線状の姿が美しいフウチソウやフイリヤブランなどを植えてデザインを締める。

3 | ヒペリカムヒデコート

4 | フウチソウ

5 | フイリヤブラン

6 | ツルニチニチソウ

| 1 | リキュウバイ<br>H=1.2m　2,500円 |
| 2 | キンシバイ<br>H=0.5m　740円 |
| 3 | ヒペリカムヒデコート<br>H=0.5m　800円 |
| 4 | フウチソウ<br>12.0cmポット　600円 |
| 5 | フイリヤブラン<br>10.5cmポット　340円 |
| 6 | ツルニチニチソウ<br>9.0cmポット　230円 |

落葉広葉樹

## アメリカデイゴ

*Erythrina crista-galli*

高木／中木

マメ科デイゴ属

**別名**
カイコウズ（海紅豆）

**樹高**
2.5m

**枝張**
0.8m

**幹周**
—

**花期**
6—9月

**熟期**
8—9月

**植栽適期**
4月中旬—6月中旬

**樹木単価**
45,000円／本

**環境特性**
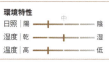
日照｜陽―中―陰
湿度｜乾―――湿
温度｜高―――低

**植栽可能**
本州南部―沖縄

**自然分布**
南アメリカ原産

**葉**
3出複葉で、小葉は長さ8〜15cmの卵状長楕円形。表面は濃い緑で、裏面は白色を帯びる。枝や葉柄には曲がった小さな棘がある

**花**
花期は6〜9月で、夏らしい真っ赤な花を咲かす。花柄がねじれて、雄弁が下側になって開く。翼弁は小さく、がくに隠れて外からは見えない

**デイゴ**
インド原産。別名エリスリナ。日本では沖縄・小笠原諸島以外では植栽はできない。春から初夏にかけて赤い花を咲かせる

樹木別に配植プランがわかる 植栽大図鑑［改訂版］　　　　　　　　　　　　　　　　　107

## ［植栽の作法］
# 赤い花でつくるトロピカルな庭

1｜フヨウ

2｜トベラ

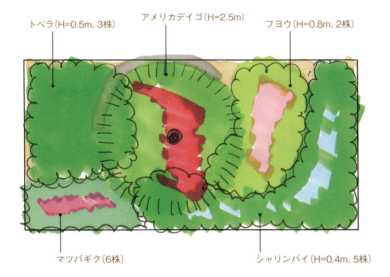

トベラ（H=0.5m、3株）　アメリカデイゴ（H=2.5m）　フヨウ（H=0.8m、2株）

マツバギク（6株）　シャリンバイ（H=0.4m、5株）

名に「アメリカ」と付くが原産はブラジル。初夏から楽しめる個性的な赤い花は、トロピカルな庭をデザインをしたいときに欠かせない要素だ。

樹高2〜3m程度のものを、日当たりのよく水はけのよい場所に植える。幹はあまり高くならないが、枝が横へ広がるので、中木を合わせるのではなく、低木の大小を組み合わせて、変化をもたせる。大きめの低木には同じく夏に花が楽しめるフヨウがある。低めのものでは、トベラやシャリンバイ、ハイビャクシンがよい。

アメリカデイゴは落葉樹のため、冬には葉が落ちて寂しくなるため、これらの常緑樹はアメリカデイゴの前に植え、足もとは地被で春にピンク色の大きな花を咲かせる常緑のマツバギクを植える。

3｜シャリンバイ

4｜ハイビャクシン

5｜ハマグルマ

6｜マツバギク

1　フヨウ
　　H=0.8m　1,200円

2　トベラ
　　H=0.5m　1,100円

3　シャリンバイ
　　H=0.4m　680円

4　ハイビャクシン
　　H=0.3m　910円

5　ハマグルマ
　　9.0cmポット　600円

6　マツバギク
　　9.0cmポット　220円

## 落葉広葉樹

### イイギリ
*Idesia polycarpa*

高木／中木

イイギリ科イイギリ属

**別名**
ナンテンギリ

**樹高**
2.5m

**枝張**
0.6m

**幹周**
—

**花期**
4—5月

**熟期**
10—11月

**植栽適期**
12—3月

**樹木単価**
12,000円/本

**環境特性**
日照｜陽———中———陰
湿度｜乾———中———湿
温度｜高———中———低

**植栽可能**
東北—沖縄

**自然分布**
東北—沖縄

**実**
10〜11月に1cmくらいの液果が赤色に熟し、葉が落ちたあとも果実は翌年まで残ることが多い。ブドウの房のように枝から下がって付く

**アオギリ**
アオギリ科アオギリ属。東南アジア原産で、日本では沖縄に分布。イイギリと異なり葉に3〜5つの切込みがあり、大型。かつて街路樹によく使用された

**ハスノハギリ**
ハスノハギリ科ハスノハギリ属。別名ハマギリ。九州南部以南沖縄、小笠原諸島の沿岸部に分布。海岸の防風林に使われる

1 | ソヨゴ

2 | ウメモドキ

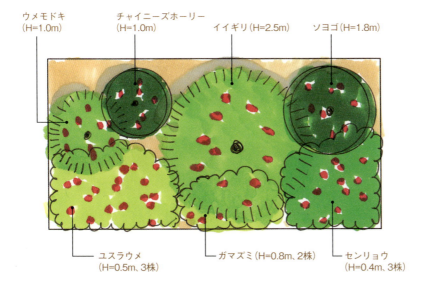

- ウメモドキ (H=1.0m)
- チャイニーズホーリー (H=1.0m)
- イイギリ (H=2.5m)
- ソヨゴ (H=1.8m)
- ユスラウメ (H=0.5m、3株)
- ガマズミ (H=0.8m、2株)
- センリョウ (H=0.4m、3株)

## ［植栽の作法］
# 2階から鑑賞する印象的な実がなる庭

　イイギリは本州以南に自生する落葉広葉樹で、高さ15mくらいになる。下枝があまりなく、生長すると下部は幹だけしか見えなくなるため、2階以上の部屋から楽しむ景色をつくる際に使用する。イイギリは全方位に大きく枝を広げ、良好な緑陰をつくり、剪定はあまり好まない。

　イイギリは大きな葉が特徴的だが、秋に実る房状の赤い実も印象的なので、それをデザインの核にして、添える樹木を選ぶ。

　イイギリを緑地の中心を少しずらした位置に入れ、2～3m程度で形が整う中木を添える。中木で、常緑樹のソヨゴ、チャイニーズホーリー、落葉樹のウメモドキ、ガマズミなどの実の印象が強いものが適している。

　低木でも、常緑樹のセンリョウ、落葉樹のユスラウメなどを選ぶと、赤い実つながりでデザインに統一感が生まれる。

3 | チャイニーズホーリー

4 | ガマズミ

5 | ユスラウメ

6 | センリョウ

1 ソヨゴ　H=1.8m　5,200円

2 ウメモドキ　H=1.0m　1,800円

3 チャイニーズホーリー　H=1.0m　3,000円

4 ガマズミ　H=0.8m　820円

5 ユスラウメ　H=0.5m　1,200円

6 センリョウ　H=0.4m　700円

## 落葉広葉樹

### イヌエンジュ
*Maackia amurensis*

高木／中木

マメ科イヌエンジュ属

**別名**
オオエンジュ、クロエンジュ

**樹高**
2.5m

**枝張**
0.8m

**幹周**
—

**花期**
6—8月

**熟期**
10—11月

**植栽適期**
12—3月中旬

**樹木単価**
6,000円/本

**環境特性**
日照｜陽 ——中—— 陰
湿度｜乾 ——中—— 湿
温度｜高 ——中—— 低

**植栽可能**
北海道—九州

**自然分布**
北海道—九州

**葉**
長さ20〜30cmの奇数羽状複葉。小葉は3〜6対あり、ほぼ対生。小葉は長さ4〜7cmの卵形で全縁。裏面には褐色の軟毛が密生している

**シダレエンジュ**
花も枝も枝垂れる性質があり、写真は直立性のものを台木にして仕立てられたもの。中国では縁起のよい樹木として扱われる

**エンジュ**
マメ科エンジュ属、別名エニス、フジキ。耐寒性・耐乾性に優れ、煙害・潮害にもやや強く、公園樹・街路樹として需要が高い

1 | シコンノボタン

2 | バイカウツギ

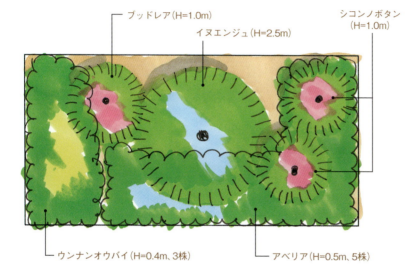

ブッドレア（H=1.0m）
イヌエンジュ（H=2.5m）
シコンノボタン（H=1.0m）
ウンナンオウバイ（H=0.4m、3株）
アベリア（H=0.5m、5株）

## ［植栽の作法］
# 優しくやわらかい印象でまとめる

　イヌエンジュの葉は、左右対称に小さな葉が付く奇数羽状複葉で、風を受けると細かく優しく揺れる木陰の景色をつくる。

　樹形も主幹がすっと伸びる感じではなく、ゆらりと曲がったような形になる。樹全体がもつこの優しさ、やわらかさがイヌエンジュの庭をデザインする際のポイントとなる。

　イヌエンジュは日当たりを好むため、南から西にかけての庭が適している。少し曲がった樹形をいかすためには、添える樹木も横にふわりとボリュームが出るものを選ぶ。

　中木では、奔放に枝が伸びて初夏に花が楽しめるブッドレアか、シコンノボタン、白い花が美しいバイカウツギがよい。

　低木ではアベリアやシロヤマブキがイヌエンジュのもつイメージになじみやすい。また、常緑樹のウンナンオウバイを入れると、春に咲く黄色い花が空間のアクセントとなる。

3 | ブッドレア

4 | アベリア

5 | シロヤマブキ

6 | ウンナンオウバイ

1　シコンノボタン
H=1.0m　4,500円

2　バイカウツギ
H=1.0m　1,800円

3　ブッドレア
H=1.0m　3,000円

4　アベリア
H=0.5m　540円

5　シロヤマブキ
H=0.5m　750円

6　ウンナンオウバイ
H=0.4m　900円

## 落葉広葉樹

# イボタノキ
*Ligustrum obtusifolium*

高木 — 中木

モクセイ科イボタノキ属

**別名**
カワネズミモチ

**樹高**
1.2m

**枝張**
0.4m

**幹周**
—

**花期**
5—6月

**熟期**
10—12月

**植栽適期**
11月下旬—3月

**樹木単価**
1,500円/本

**環境特性**
日照｜陽——中——陰
湿度｜乾——中——湿
温度｜高——中——低

**植栽可能**
北海道—九州

**自然分布**
北海道—九州

**花**
5～6月、新枝の先に長さ2～4cmの総状花序を出し、白い小さな花を付ける。花冠は長さ7～9mmの筒状漏斗形で、先は4裂する

**シルバープリペット**
セイヨウイボタノキの斑入り園芸種。葉がもつ白い覆輪が一年中美しい。半常緑のため、寒い地域では冬期落葉する

**シルバープリペットの列植**
萌芽力が強く、刈込みに耐える。また、細かい枝を密に付けるので、生垣によく使われる。煙害、潮風に耐性があり、病害虫にも強い

1 | シモツケ

2 | ホザキシモツケ

## [植栽の作法]
# 圧迫感のない優しい緑の境界をつくる

イボタノキは日本の野山に自生する落葉低木である。剪定に強いため生垣によく利用される。

葉は細かく、枝は放射状によく伸びるため、1株だけで植えると印象が薄くなる。3株程度合わせて植えてボリュームを出すようにする。

日当たりが悪いと葉や花が密に付かずボリュームが出にくいので、できるだけ日当たりのよいところに植える。

合わせる低木や地被は、イボタノキの印象を邪魔しないものを選ぶ。低くおさまりやわらかな印象になる低木では、落葉広葉樹のシモツケやホザキシモツケ、ヒメウツギ、アベリア、常緑樹のヒメクチナシなどがある。

はうように生長するコトネアスターを足もとに入れると秋に赤い実が楽しめる。

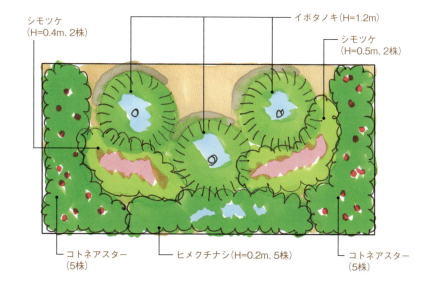

シモツケ（H=0.4m、2株）
イボタノキ（H=1.2m）
シモツケ（H=0.5m、2株）
コトネアスター（5株）
ヒメクチナシ（H=0.2m、5株）
コトネアスター（5株）

3 | アベリア

4 | ヒメウツギ

5 | コトネアスター

6 | ヒメクチナシ

1 シモツケ　H=0.4m　570円

2 ホザキシモツケ　H=0.4m　1,000円

3 アベリア　H=0.4m　480円

4 ヒメウツギ　H=0.3m　900円

5 コトネアスター　H=0.2m　230円

6 ヒメクチナシ　H=0.2m　400円

落葉広葉樹

## ウメ

*Armeniaca mume*

| | |
|---|---|
| バラ科アンズ属 | |
| 別名 | ムメ |
| 樹高 | 2.0m |
| 枝張 | 1.0m |
| 幹周 | 10cm |
| 花期 | 2—4月 |
| 熟期 | 6月 |
| 植栽適期 | 11月下旬—1月、6月下旬—7月中旬 |
| 樹木単価 | 赤：5,500円/本<br>白：4,700円/本 |
| 環境特性 | 日照｜陽―中―陰<br>湿度｜乾―中―湿<br>温度｜高―中―低 |
| 植栽可能 | 北海道南部—沖縄 |
| 自然分布 | 北海道南部—沖縄 |

**実**

直径2〜3cmのほぼ球形の核果。表面には密毛が生え、片側に浅い溝がある。6月に黄色に熟す。果実を楽しみたい場合は、実ウメがよい

**野梅系（ミチシルベ）**

原種に近い野梅系の花は、変化が多く他の系統より香りがよい。写真は野梅性'ミチシルベ'で、淡紅の花が3月上旬ごろ咲く

**タイリンリョウガク**

野梅系の品種。がくが緑色の大輪の花が1〜2月に咲くため、早春に花を楽しめる早咲きの園芸種。新枝が緑色で花も緑白色という青軸性

1 | ロウバイ

2 | アセビ

## ［植栽の作法］
# 早春を感じる花の庭をつくる

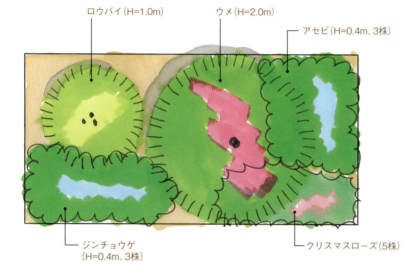

ロウバイ（H=1.0m）
ウメ（H=2.0m）
アセビ（H=0.4m、3株）
ジンチョウゲ（H=0.4m、3株）
クリスマスローズ（5株）

ウメの品種は多様で、花色、実の大きさ、花の咲く時期など、好みのものを見つける楽しさがある。

ウメは日当たりのよいところを好み、果樹類のなかでは丈夫なほうである。樹高は最高6m程度で、刈込みにも耐えることから、ボリューム的にも扱い的にも戸建住宅の庭木として向いている。

ウメは、早いものでは1月から花を咲かせる。寒い冬の名残がある早春に花を咲かせる樹種で構成する庭は、見る人を和ませる。

ウメを中心に、早春に咲くものの代表のロウバイを添える。ロウバイは香りも楽しめる。

低木では3月ごろに花が咲くアセビやジンチョウゲ、クサボケを配置する。

地被では1月ごろから花が咲き始めるクリスマスローズやアジュガを地を覆うように植栽する。

3 | ジンチョウゲ

4 | クサボケ

5 | クリスマスローズ

6 | アジュガ

1 ロウバイ
H=1.0m　2,200円

2 アセビ
H=0.4m　960円

3 ジンチョウゲ
H=0.4m　1,100円

4 クサボケ
H=0.3m　700円

5 クリスマスローズ
10.5cmポット　1,300円

6 アジュガ
9.0cmポット　210円

## エゴノキ

*Styrax japonica*

落葉広葉樹

高木／中木

**エゴノキ科エゴノキ属**

**別名**
エゴ、チシャノキ、ロクロギ

**樹高**
2.5m

**枝張**
0.6m

**幹周**
株立ち

**花期**
5〜6月

**熟期**
10月

**植栽適期**
12—3月

**樹木単価**
株立ち：5,600円/本

**環境特性**
日照　陽—中—陰
湿度　乾—中—湿
温度　高—中—低

**植栽可能**
北海道—沖縄

**自然分布**
東北—沖縄

**花**
花期は5〜6月。小枝の先端から総状花序を出し、長さ2〜3cmの花柄をもつ、白色でラッパ状の小花を1〜4個垂れ下げる

**実**
長さ1cmほどの卵球形。はじめは灰白色で、8〜9月に熟すと果皮が縦に割れ、褐色の種子が出てくる。果皮にはエゴサポニンが含まれ有毒

**ハクウンボク**
エゴノキ科エゴノキ属。別名オオバヂシャ、オオバジシャ。エゴノキよりも花の付き方が派手になる。庭木や公園樹としてよく使用される

## [植栽の作法]
# 白い花の咲く雑木の風景を中庭につくる

1 | カシワバアジサイ

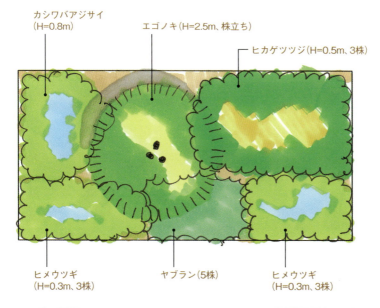

2 | ヒカゲツツジ

カシワバアジサイ（H=0.8m）　エゴノキ（H=2.5m、株立ち）　ヒカゲツツジ（H=0.5m、3株）

ヒメウツギ（H=0.3m、3株）　ヤブラン（5株）　ヒメウツギ（H=0.3m、3株）

3 | ヒメウツギ

4 | ヒメクチナシ

6 | ヤブラン

5 | コグマザサ

　エゴノキは、初夏の白い花と、丸み帯びた葉があまり密にならずに付くのが印象的な雑木である。生長が比較的緩やかで、あまり高くならないので戸建住宅に利用しやすい。やや日陰の湿ったところを好むため、日当たりの悪い中庭などに向いている。白い花は小さなつりがね状で樹木全体に付き、花のあとには白っぽい実がなる。

　エゴノキは西日の当たらない、東向きの庭か、中庭に植える。株立ちのほうが雑木の景色がつくりやすい。

　合わせる樹木も葉色や花が落ち着いたものにするとよい。株立ちに合わせるときは、中木ではなく、やや大きな低木を選ぶと立体的に仕上がる。ヒカゲツツジやカシワバアジサイ、ヒメウツギ、ヒメクチナシなどがよい。

　地被は明るい緑のコグマザサやヤブランなどが合わせやすい。

1　カシワバアジサイ
　　H=0.8m　2,800円

2　ヒカゲツツジ
　　H=0.5m　4,500円

3　ヒメウツギ
　　H=0.3m　900円

4　ヒメクチナシ
　　H=0.2m　400円

5　コグマザサ
　　10.5cmポット　200円

6　ヤブラン
　　10.5cmポット　230円

## オニグルミ

*Juglans mandshurica* Maxim. var. *sachalinensis*

落葉広葉樹 / 高木・中木

クルミ科クルミ属

**別名**
クルミ、オグルミ

**樹高**
3.0m

**枝張**
1.0m

**幹周**
15cm

**花期**
5—6月

**熟期**
10月

**植栽適期**
12—3月

**樹木単価**
22,000円/本

**環境特性**
日照 陽—中—陰
湿度 乾—中—湿
温度 高—中—低

**植栽可能**
北海道—九州

**自然分布**
北海道—九州

**葉**
大型の翼を思わせるような奇数羽状複葉で互生する。小葉の葉身は長さ7〜12cmの卵状長楕円形で、表面は無毛、裏面は星状毛が多い

**実**
核果状の堅果。長さ3〜4cmの卵球形で、堅果の外側を肥大して肉質になった花床が包む。その花床をむいたなかにある種子が食用になる

**サワグルミ**
オニグルミと名が似ているが属が異なり、サワグルミ属。実を食べることはできない。10月ごろに翼のある堅果をクサリ状に付ける

1 | ブルーベリー

2 | アキグミ

## [植栽の作法]
# 収穫できる実が なる樹を集める

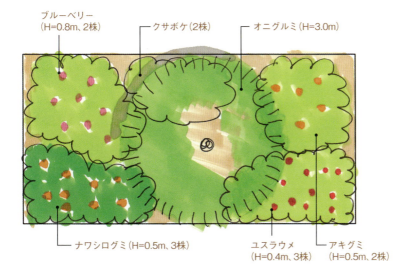

- ブルーベリー（H=0.8m、2株）
- クサボケ（2株）
- オニグルミ（H=3.0m）
- ナワシログミ（H=0.5m、3株）
- ユスラウメ（H=0.4m、3株）
- アキグミ（H=0.5m、2株）

オニグルミは小さい葉が羽根のように集まった葉（奇数羽状複葉）が広がるように付く。樹姿の鑑賞性は特に高くないので、オニグルミを主木とする庭は、木陰を楽しんだり、実を収穫したりするなど、実用性を考慮してデザインを考えていくとよい。ここでは「収穫できる」をキーワードに庭木の選定と配植を行う。

オニグルミは庭のほぼ中心に入れる。乾燥していない日当たりのよい場所が適地である。枝が横に広がるので、狭い空間は避ける。

中木では花・実・紅葉と、いろいろと楽しみがあるブルーベリーなどがお勧めである。

低木では、グミ類やユスラウメ、クサボケなどを入れると実の収穫の楽しみが増える。グミ類やユスラウメ、クサボケは、日当たりを好むので、日陰となるオニグルミの真下には置かないようにする。

3 | ナツグミ

4 | ナワシログミ

5 | ユスラウメ

6 | クサボケ

1 ブルーベリー  H=0.8m  4,500円

2 アキグミ  H=0.5m  1,500円

3 ナツグミ  H=0.5m  1,200円

4 ナワシログミ  H=0.5m  850円

5 ユスラウメ  H=0.4m  900円

6 クサボケ  H=0.2m  600円

## 落葉広葉樹

## カエデ類

Acer spp.

高木―中木

**コハウチワカエデ**
カエデ科カエデ属

**別名**
—

**樹高**
2.5m

**枝張**
0.8m

**幹周**
株立ち

**花期**
5—6月

**熟期**
6—9月

**植栽適期**
11月下旬—1月中旬

**樹木単価**
42,000円/本

**環境特性**
日照 | 陽――中――陰
湿度 | 乾―――湿
温度 | 高―――低

**植栽可能**
北海道南部—沖縄

**自然分布**
東北—九州

**イロハモミジ**

別名イロハカエデ、タカオモミジ。7裂する葉の裂片を「いろは……」と数えたことが名の由来。公園や庭園などで一番よく使われる

**イタヤカエデ**

別名イタヤ、イタヤモミジ、トキワカエデ。秋に黄葉する。萌芽力があり剪定に耐えるため街路樹に使われるが、強風・煙害・潮害にやや弱い

**マイクジャク**

ハウチワカエデの園芸種。漢字で表記すると「舞孔雀」。名の由来は、葉の形がクジャクが尾羽を広げたように見えることから

樹木別に配植プランがわかる 植栽大図鑑［改訂版］　　　　　　　　　　　　　　　121

1｜**チリメンカエデ**

2｜**キハギ**

## ［植栽の作法］
# 紅葉をいかすため背景に緑を取り入れる

　紅葉を特徴とする樹木の庭では、いかに彩りを際立たせられるかが鍵になる。ポイントは、常緑樹で緑の背景をつくったり、壁や塀の色を調整したりして、葉の色とコントラストをつけることである。

　緑地のスペースの6：4、あるは7：3となる位置に2.5mくらいのコハウチワカエデ（左頁写真上）かチリメンカエデを配置する。

　カエデ類は、横枝が伸びることが多いので、合わせる樹木にはニシキギやヤマツバキのようなやや大ぶりな低木を選択する。根の張り姿も鑑賞性が高いので、足もとはリュウノヒゲやベニシダなどのシダ類を添えるように植える。

　散った後も紅葉が美しく映えるよう、舗装仕上げにも注意する。風で飛ばされにくくするには、砂利や土など凹凸のある仕上げがよい。

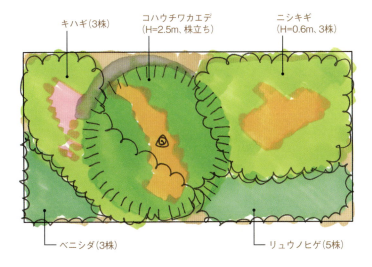

キハギ（3株）　　コハウチワカエデ（H=2.5m、株立ち）　　ニシキギ（H=0.6m、3株）

ベニシダ（3株）　　リュウノヒゲ（5株）

3｜**ニシキギ**

4｜**ヤマツツジ**

5｜**ベニシダ**

6｜**リュウノヒゲ**

1　チリメンカエデ
　　H=2.0m　23,000円

2　キハギ
　　H=0.8m　900円

3　ニシキギ
　　H=0.6m　1,100円

4　ヤマツツジ
　　H=0.6m　1,100円

5　ベニシダ
　　10.5cmポット　600円

6　リュウノヒゲ
　　7.0cmポット　140円

## 落葉広葉樹

### カキノキ
*Diospyros kaki*

高木／中木

| | |
|---|---|
| | カキノキ科カキノキ属 |
| 別名 | カキノキ |
| 樹高 | 3.0m |
| 枝張 | 0.8m |
| 幹周 | 15cm |
| 花期 | 5—6月 |
| 熟期 | 10—11月 |
| 植栽適期 | 3月下旬 |
| 樹木単価 | 12,000円/本 |
| 環境特性 | 日照 陽—中—陰<br>湿度 乾—中—湿<br>温度 高—中—低 |
| 植栽可能 | 東北—九州 |
| 自然分布 | 中国原産 |

**実**

直径4〜10cmの液果が10〜11月に黄赤色に熟す。形状は扁円形〜卵球形で食用のものではフユウ（富有）、ジロウ（次郎）などが有名

**ヤマガキ**

普通のカキに比べ葉が小型で毛が多い。本州、四国、九州、中国、済州島に分布するが自生のものかは不明。写真は東京都高尾山で撮影

**リュウキュウマメガキ**

リュウキュウ（琉球）の名がついているが、西日本に広く分布する落葉高木。別名シナノガキ。実はカキノキより小さく直径1.5〜2.0cm

123

1 | カシワバアジサイ

2 | ニシキギ

[植栽の作法]
# 実の収穫と紅葉を楽しむ

中国原産と言われ、古い時代に日本に入ってきた。さまざまな品種がつくられており、民家の庭では、昔からよく見られた。実はもちろん、秋には美しい紅葉を見せる、楽しみの多い樹である。カキは横に広がる樹形のため、庭の中央に配置する。実を収穫しやすいように、木の下には植物をあまり植えないようにする。

カキの葉の紅葉を引き立たせるように、中木、低木にも紅葉するものを選ぶ。中木にカシワバアジサイを入れると、紅葉だけでなく春の花も楽しめる。低木ではニシキギやドウダンツツジ、ヒュウガミズキの紅（黄）葉が美しい。

ただし、冬期に葉が落ちて少しさびしい印象になる。そこで常緑樹を少し入れるようにする。サツキツツジ'オオサカズキ'やジュニペルス'ブルーカーペット'は常緑樹でありながら秋には紅葉も楽しめるので組み合わせると面白い。

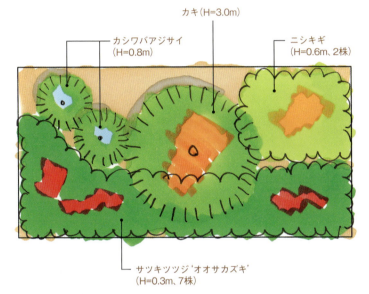

カキ（H=3.0m）
カシワバアジサイ（H=0.8m）
ニシキギ（H=0.6m、2株）
サツキツツジ'オオサカズキ'（H=0.3m、7株）

3 | ドウダンツツジ

4 | ヒュウガミズキ

5 | サツキツツジ'オオサカズキ'

6 | ジュニペルス'ブルーカーペット'

1 カシワバアジサイ　H=0.8m　2,800円

2 ニシキギ　H=0.6m　1,100円

3 ドウダンツツジ　H=0.5m　1,200円

4 ヒュウガミズキ　H=0.5m　740円

5 サツキツツジ'オオサカズキ'　H=0.3m　680円

6 ジュニペルス'ブルーカーペット'　H=0.3m　1,200円

## 落葉広葉樹

## カシワ

*Quercus dentata*

高木 / 中木

ブナ科コナラ属

**別名**
オオカシワ、ハハソ、モチカシワ

**樹高**
2.0m

**枝張**
0.4m

**幹周**
―

**花期**
4―5月

**熟期**
9―10月

**植栽適期**
2―3月、10―11月

**樹木単価**
12,000円/本

**環境特性**
日照 陽―中―陰
湿度 乾――湿
温度 高――低

**植栽可能**
北海道―九州

**自然分布**
北海道―本州、九州中部

**葉**

葉は互生で長さ12～32cmの倒卵状長楕円形。縁には波状の大きな鋸歯がある。表面は灰褐色で、短毛と星状毛が密生。葉柄はとても短い

**ミズナラ**

別名オオナラ。カシワの葉は縁が波状なのに対して、ミズナラは粗い鋸歯がある。また、カシワはミズナラやコナラと自然交配し雑種をつくりやすい

**ピンオーク**

ブナ科コナラ属。別名アメリカガシワ。北アメリカ・カナダ原産。葉は長楕円形で5～6裂片に深く切れ込む。秋の紅葉が美しい

樹木別に配植プランがわかる 植栽大図鑑［改訂版］　　　　　　　　　　　　　　　　　125

## ［植栽の作法］
# 縁起のよい緑を組み合わせる

1｜サカキ

2｜トベラ

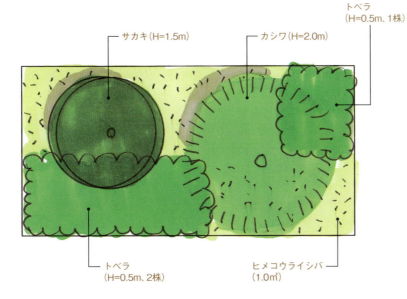

- サカキ（H=1.5m）
- カシワ（H=2.0m）
- トベラ（H=0.5m、1株）
- トベラ（H=0.5m、2株）
- ヒメコウライシバ（1.0㎡）

3｜センリョウ

4｜ツワブキ

5｜ヒメコウライシバ

6｜ノシバ

　カシワは、古くから樹木を守護する神〈葉守りの神〉が宿るといわれている縁起のよい樹木である。日本ではこのように樹木に意味をもたせて庭木に取り入れる伝統がある。カシワの庭をつくる際には、「縁起がよい」をキーワードに樹木を選び植栽デザインを考えていきたい。

　カシワは横広がりの樹形のため、中央を外してやや広いところに配置する。漢字で「榊（木へんに神）」と書く中木のサカキ（ホンサカキ）を反対側のあいたスペースに入れる。低木には、除夜に扉に挟むと疫鬼を防ぐと考えられているトベラや正月飾りのセンリョウが適している。

　カシワや、サカキ、トベラは、潮風に強い樹種であり、これらは海外近くの庭の植栽に利用できる。その際は地被にも潮風に強いヒメコウライシバ、ノシバ、ツワブキを利用する。

1　サカキ
　　H=1.5m　3,300円

2　トベラ
　　H=0.5m　1,100円

3　センリョウ
　　H=0.5m　1,200円

4　ツワブキ
　　10.5cmポット　280円

5　ヒメコウライシバ
　　1㎡あたり　600円

6　ノシバ
　　1㎡あたり　500円

## 落葉広葉樹

## カツラ
*Cercidiphyllum japonicum*

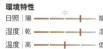

カツラ科カツラ属

**別名**
オカツラ、カモカツラ

**樹高**
3.0m

**枝張**
0.8m

**幹周**
15cm

**花期**
4—5月

**熟期**
9月

**植栽適期**
12—3月

**樹木単価**
8,100円/本

**環境特性**
日照｜陽—中—陰
湿度｜乾—湿
温度｜高—低

**植栽可能**
北海道—九州

**自然分布**
北海道—九州中部
（千葉、四国の太平洋沿岸を除く）

**葉**
葉は対生。長さ3〜8cmの広円形で、基部はハート型。葉縁には波状の鈍い鋸歯がある。黄葉した葉には独特の甘い香りがある

**ヒロハカツラ**
本州中部以北の渓谷沿いの林に自生する。カツラの葉とよく似ているが、本種はやや大きく、葉縁の鋸歯もはっきりしている

**シダレカツラ**
カツラの突然変異による変種。細い枝が下垂れて、独特な樹形をつくる。岩手県・盛岡の瀧源寺には、国指定天然記念物の樹がある

## ［植栽の作法］
# ハート型の葉の優しい印象をいかす

1｜シモクレン

2｜シロヤマブキ

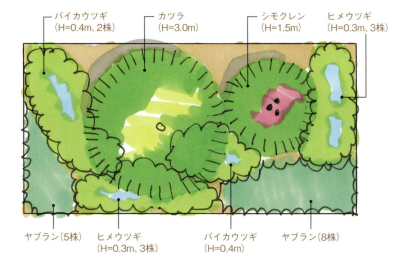

バイカウツギ（H=0.4m、2株）／カツラ（H=3.0m）／シモクレン（H=1.5m）／ヒメウツギ（H=0.3m、3株）

ヤブラン（5株）／ヒメウツギ（H=0.3m、3株）／バイカウツギ（H=0.4m）／ヤブラン（8株）

3｜バイカウツギ

4｜ヒメウツギ

5｜キチジョウソウ

6｜ヤブラン

　カツラは、ハート型の丸みを帯びた、薄い明るい緑の葉をもつ。カツラを主木とする庭では、同じような樹形や葉色、花色がやわらかな印象をもつもので構成するとデザインがまとまる。

　カツラはまっすぐと伸びるので、やや狭いところでも植栽可能である。ただし、ある程度のスペースが確保できるのならば株立ちを使用したほうが形をまとめやすい。

　緑地の中央をやや外した位置にカツラを配植して、あいたスペースにやや大きな中木のシモクレン、その手前にバイカウツギやシロヤマブキを配置する。

　低木で根もと周辺をしっかり覆ってしまうと、庭の印象が固くなってしまう。そこでヤブランやキチジョウソウなどの地被か、地被のように扱える低木のヒメウツギで締めて、ゆるやかさを出す。

---

1　シモクレン
H=1.5m　2,700円

2　シロヤマブキ
H=0.5m　750円

3　バイカウツギ
H=0.4m　900円

4　ヒメウツギ
H=0.3m　900円

5　キチジョウソウ
10.5cmポット　250円

6　ヤブラン
10.5cmポット　230円

落葉広葉樹

## カリン
*Pseudocydonia sinensis*

高木／中木

バラ科カリン属

**別名**
カラナシ、カリントウ、アンランジュ

**樹高**
2.5m

**枝張**
0.6m

**幹周**
10cm

**花期**
4—5月

**熟期**
10—11月

**植栽適期**
12—3月

**樹木単価**
8,700円/本

**環境特性**
日照 陽—中—陰
湿度 乾—中—湿
温度 高—中—低

**植栽可能**
東北—九州

**自然分布**
中国原産

**実**
梨状果。大型で長さ10〜15cmの楕円形、または倒卵形で10〜11月に黄色に熟す。果肉は固く、渋みがあるので生食はできない

**幹肌**
成木の樹皮はなめらかで、緑味を帯びた赤褐色をしている。鱗片状にはがれ落ちるが、はがれたあとが雲紋状となって美しい

**マルメロ**
別名カマクラカイドウ。ペルシア原産。カリンと違い樹皮が鱗片状にはがれない。カリンのような楕円形の実がつくが、表面が毛で覆われている

1 | コデマリ

2 | シナレンギョウ

## [植栽の作法]
# 大きな実と個性的な幹肌を強調する

　カリンは、春に咲く薄紅色の花や、香りのよい大きな実、個性的な幹肌など、いろいろな魅力のある樹木である。ただし、葉付きはあまり密ではないため、緑陰を楽しむタイプではない。実が収穫しやすく、落葉したあとに味わいのある幹肌が楽しめるように配植することがデザイン上のポイントである。

　日当たりのよい庭の中心にカリンを植える。カリンの重厚な幹肌には、コデマリやミヤギノハギ、レンギョウなどの線的で伸びやかな樹形になる中木・低木が調和する。ミヤギノハギは植栽後にかなり生長するためあらかじめスペースをあけて配植する。

　地被にはクリスマスローズやギボウシ、ディコンドラなどを植える。これらは花や葉に特徴があるので、カリンの幹肌を眺めたあとの視線を落とした先をつくることができる。

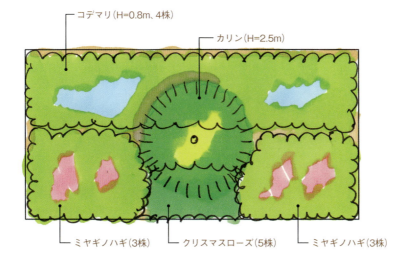

コデマリ（H=0.8m、4株）
カリン（H=2.5m）
ミヤギノハギ（3株）
クリスマスローズ（5株）
ミヤギノハギ（3株）

3 | ミヤギノハギ

4 | ギボウシ

5 | クリスマスローズ

6 | ディコンドラ

1 コデマリ
H=0.8m　820円

2 シナレンギョウ
H=0.5m　800円

3 ミヤギノハギ
H=0.5m　750円

4 ギボウシ
10.5cmポット　250円

5 クリスマスローズ
10.5cmポット　1,300円

6 ディコンドラ
1kgあたり9,450円
（60〜100m²分）

落葉広葉樹

## キリ

*Paulownia tomentosa*

キリ科キリ属

**別名**
キリノキ

**樹高**
2.0m

**枝張**
0.4m

**幹周**
—

**花期**
5—6月

**熟期**
10—11月

**植栽適期**
1—3月
※新植は可能だが、移植は不可

**樹木単価**
12,000円/本

**環境特性**
日照｜陽——中——陰
湿度｜乾——中——湿
温度｜高——中——低

**植栽可能**
北海道南部—九州

**自然分布**
中国中部原産

**葉**
葉身は長さ10〜20cmの広卵形で、対生する。葉縁は全縁または浅く3〜5裂する。長い柄をもち、葉の両面には粘り気のある毛が密生する

**花**
5〜6月に、枝先に大きな円錐花序を直立し、長さ5cmほどの紫色の花を多数付ける。花冠は筒状鐘形で、先が口唇状に裂ける

**イイギリ**（飯桐）
キリに樹姿が似ているが、イイギリ科イイギリ属で別種。葉がキリに似ており、古い時代にご飯を包むのに利用されたことが名の由来

1 | サンショウ

2 | サンゴミズキ

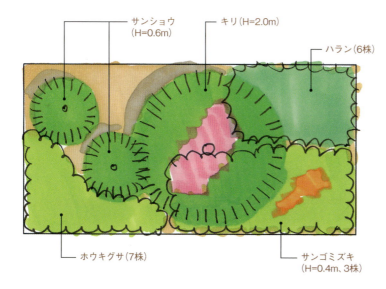

## [植栽の作法]
# 個性的な葉・花をいかす

　キリは、紫色の特徴的な花が咲く花木でもある。また、大きな手のひら形の葉や、短い間に早く生長する様子もあいまってトロピカルな雰囲気をかもし出すこともできる。

　キリは日当たりがよい場所を好む。丸く横広がりな樹形になるため、やや広いスペースが必要である。

　合わせる低木や地被も、個性的な枝・葉をもつものを選ぶ。紅い枝が装飾的な印象を与えるサンゴミズキ、細かい葉が食用にもなるサンショウ、紅葉が美しく実を食べることができるホウキグサ、大きな濃緑の葉をもち料理などにも利用できるハランやクマザサ、葉の色がカラフルなオタフクナンテンなどがお勧めである。

　サンゴミズキは、印象を強めるため複数本植える。サンショウは生長が非常に遅いため、将来、キリを植え替えても支障がない場所に入れる。

3 | ホウキグサ

4 | ハラン

5 | クマザサ

6 | オタフクナンテン

---

1 サンショウ
H=0.6m　3,000円

2 サンゴミズキ
H=0.4m　1,500円

3 ホウキグサ
15cmポット　1,000円

4 ハラン
12cmポット　440円

5 クマザサ
12cmポット　440円

6 オタフクナンテン
10.5cmポット　1,000円

落葉広葉樹

## クヌギ

*Quercus acutissima*

ブナ科コナラ属

**別名**
ツルバミ、クノギ

**樹高**
3.0m

**枝張**
0.8m

**幹周**
12cm

**花期**
4—5月

**熟期**
10月

**植栽適期**
12—3月、6月下旬—7月

**樹木単価**
8,700円/本

**環境特性**
日照 陽—中—陰
湿度 乾—中—湿
温度 高—中—低

**植栽可能**
東北—九州、沖縄（一部）

**自然分布**
東北—九州

**葉**
濃緑色の葉は長さ8〜15cmの長楕円状披針形で互生する。葉の左右は不整形で縁に鋸歯があり、鋸歯の先端は2mmほどの針状になる

**実**
堅果（ドングリ）は結実した翌年の秋に成熟する。直径2cmほどの球形で、下部はわん形の殻斗に包まれる。殻斗には線形の鱗片が線状につく

**幹肌**
樹皮は灰褐色で厚くコルク状である。縦に不規則で溝状の深い裂け目がある。コナラよりもごつごつした印象を与える。幹は直立する

[植栽の作法]
# 野生味のある雑木風の庭に仕立てる

1 | ムラサキシキブ

2 | キブシ

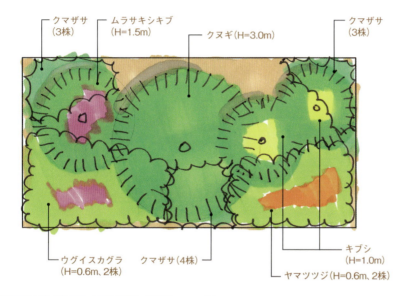

図中ラベル：
- クマザサ（3株）
- ムラサキシキブ（H=1.5m）
- クヌギ（H=3.0m）
- クマザサ（3株）
- ウグイスカグラ（H=0.6m、2株）
- クマザサ（4株）
- ヤマツツジ（H=0.6m、2株）
- キブシ（H=1.0m）

3 | ウグイスカグラ

4 | ヤマツツジ

5 | コゴメウツギ

6 | クマザサ

　関東の雑木林を構成する代表的な樹木である。葉の感じはクリとよく似ていて見分けがつきにくい。秋になると、紅葉というよりは茶色に葉色が変わるが、枝からハラハラと落ちにくく、長い間、枝に枯葉が付いている様は、やや荒れた印象を与える。

　クヌギのある庭は、コナラよりもさらに野趣のある雑木風にデザインする。無頼な感じの緑をつくるように、合わせる樹種も樹形も整然としないものを選ぶ。クヌギは大きくなるため、やや中央寄りに株立ちのものを配置する。中木には秋に紫の実がなるムラサキシキブや、春に黄色い花が房状につくキブシなど、華美ではないが実や花の楽しめるものを植える。

　低木には、やや荒れた樹形になるヤマツツジ、ウグイスカグラ、コゴメウツギなどを合わせ、地被にクマザサなどのササ類を用いて足もとを締める。

1 ムラサキシキブ
H=1.5m　3,000円

2 キブシ
H=1.0m　4,000円

3 ウグイスカグラ
H=0.6m　1,500円

4 ヤマツツジ
H=0.6m　1,100円

5 コゴメウツギ
H=0.5m　1,500円

6 クマザサ
12cmポット　440円

## 落葉広葉樹

# ケヤキ

*Zelkova serrata*

高木―中木

ニレ科ケヤキ属

**別名**
ツキ（槻）

**樹高**
3.0m

**枝張**
1.0m

**幹周**
10cm

**花期**
6―9月

**熟期**
8―9月

**植栽適期**
11―3月

**樹木単価**
5,600円/本

**環境特性**
日照 陽―中―陰
湿度 乾―中―湿
温度 高―中―低

**植栽可能**
北海道南部―九州

**自然分布**
東北―九州中部

**ムクノキ**

ニレ科ムクノキ属。別名モクエノキ、ムク、モク。本州〜沖縄に分布。生長が早く病害虫に強いため、街路樹や公園樹として使われている

**エノキ**

ニレ科エノキ属別名エノキ。本州〜沖縄に分布している。生長が早く、潮風に強いため海岸地方に適する。国蝶のオオムラサキの食餌木

**ムサシノケヤキ**

ケヤキの園芸種。ムサシノケヤキは幹が直立し、枝張りが通常のケヤキの1/4程度なので、狭いスペースにも植栽することができる

樹木別に配植プランがわかる 植栽大図鑑［改訂版］　　　　　　　　　　　　　　　　　　135

1｜**ムクゲ**

2｜**ムラサキシキブ**

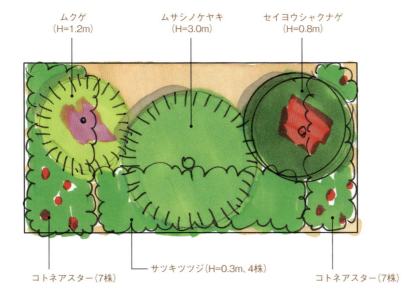

ムクゲ（H=1.2m）　ムサシノケヤキ（H=3.0m）　セイヨウシャクナゲ（H=0.8m）

コトネアスター（7株）　サツキツツジ（H=0.3m、4株）　コトネアスター（7株）

3｜**セイヨウシャクナゲ**

4｜**ロドレイア**

5｜**サツキツツジ**

6｜**コトネアスター**

［植栽の作法］
# 狭い庭では園芸種を使ってケヤキを楽しむ

　一般にケヤキは盃形の樹形をとるため、植栽するためには相当な広い庭が必要である。狭いスペースでケヤキを植えたいならば、園芸種ムサシノケヤキを使う。

　庭のやや中央寄りにムサシノケヤキを配置する。枝の横広がりがなくなった分、下部が寂しくなりがちなので、中木を添えて、目線の高さに緑の量を確保する。常緑広葉樹のセイヨウシャクナゲやロドレイア、落葉広葉樹のムクゲやムラサキシキブなどを添えると、春から秋まで花や実を楽しむことができる。

　足もとは、低く広がる低木のサツキツツジや地被のコトネアスターなどを空間を埋めるように配置する。先に挙げた中木はボリュームがあるので、低木は少なくする。

1　ムクゲ
　H=1.2m　2,500円

2　ムラサキシキブ
　H=1.2m　2,500円

3　セイヨウシャクナゲ
　H=0.8m　9,000円

4　ロドレイア
　H=0.8m　4,000円

5　サツキツツジ
　H=0.3m　680円

6　コトネアスター
　10.5cmポット　230円

136

Trees and Plants Encyclopedia

落葉広葉樹

*Quercus serrata*

## コナラ

高木 — 中木

ブナ科コナラ属

**別名**
ナラ、ハハソ、ホウソ

**樹高**
3.0m

**枝張**
0.8m

**幹周**
株立ち

**花期**
4—5月

**熟期**
10月中旬—11月

**植栽適期**
12—3月、
6月下旬—7月中旬

**樹木単価**
14,500円/本

**環境特性**
日照 | 陽 —中— 陰
湿度 | 乾 —　— 湿
温度 | 高 —　— 低

**植栽可能**
北海道中部—九州

**自然分布**
北海道南部—九州

**葉**
葉は有柄で互生。長さ5〜15cmの倒卵形または倒卵状長楕円形。先端は尖っており、基部はくさび形または円形。縁には鋭い鋸歯がある

**実**
堅果は1.5〜2cmの円柱状楕円形をしている。下部は小さな鱗片状の総苞片が瓦状にびっしり付いた殻斗に覆われている

**ミズナラ**
ブナ科コナラ属。別名オオナラ。ブナとともに日本の温帯樹林を代表する樹木。コナラと異なり葉に葉柄がなく、コナラより葉が大きい

樹木別に配植プランがわかる 植栽大図鑑［改訂版］　　　　　　　　　　　　　　　137

1｜ネジキ

2｜ムラサキシキブ

## ［植栽の作法］
# 株立ちで風情ある雑木の庭に仕立てる

　コナラは雑木的な庭をつくりたい場合によく使われる樹種の1つである。葉は縁にギザギザがある個性的な形をし、春の新緑は明るい緑でさわやかな印象を与える。銀白色の深い立て割れの筋がある幹肌は味わい深く、秋にはドングリが採れるなど、楽しみ方が盛りだくさんだ。

　コナラは1本で植えるより株立ちのほうが庭木としての風情が出る。幹が太くなるため、2～3本くらいのものを選ぶ。明るい雑木林をイメージしながら、落葉樹の中木、低木を組み合わせて植栽をデザインする。

　中・低木では落葉樹のムラサキシキブやネジキ、オトコヨウゾメ、ガマズミを配置する。ガマズミは紅葉と結実のコントラストが秋に楽しめる。

　低木には、園芸種でなく野生的な印象の強いヤマツツジやミツバツツジを添える。地被はキチジョウソウを合わせる。

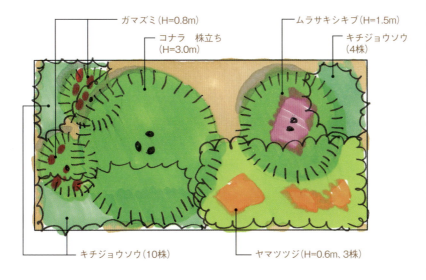

ガマズミ（H=0.8m）
コナラ　株立ち（H=3.0m）
ムラサキシキブ（H=1.5m）
キチジョウソウ（4株）
キチジョウソウ（10株）
ヤマツツジ（H=0.6m、3株）

3｜オトコヨウゾメ

4｜ガマズミ

5｜ヤマツツジ

6｜キチジョウソウ

1 ネジキ　H=1.5m　7,500円

2 ムラサキシキブ　H=1.5m　3,000円

3 オトコヨウゾメ　H=1.2m　2,500円

4 ガマズミ　H=0.8m　820円

5 ヤマツツジ　H=0.6m　1,100円

6 キチジョウソウ　10.5cmポット　250円

落葉広葉樹

## コバノトネリコ

*Fraxinus lanuginosa f. serrata*

高木／中木

モクセイ科トネリコ属

**別名**
アオダモ

**樹高**
2.0m

**枝張**
0.4m

**幹周**
株立ち

**花期**
4—5月

**熟期**
10月

**植栽適期**
10—12月

**樹木単価**
18,000円／本

**環境特性**
日照｜陽——中——陰
湿度｜乾——中——湿
温度｜高——中——低

**植栽可能**
北海道中部—九州

**自然分布**
北海道中部—九州

**花**

雌雄異株。雄花は小枝の先に円錐花序を出し、白い小さな花を多数付ける。ほかに白い花弁が目立つトネリコ属にはマルバアオダモなどがある

**トネリコ**

別名サトトネリコ、タモ、タモノキ。コバノトネリコと比べると、花は地味。本州中部地方以北に分布し、日本固有。材は野球のバット等に使われる

**シマトネリコ**

沖縄からインドまでに分布する常緑または半常緑の高木。東京では以前は室内利用されたが、近年は庭木や街路樹に用いられることが多い

[植栽の作法]
# ほのかに明るい上品な緑をいかす

コバノトネリコは野山に自生する小型の落葉広葉樹。最近では、自然風の庭づくりのアイテムとして使われるようになってきた。

やや薄い緑の葉や、春に咲く小さな繊細な白い花はあまり主張はしないが、上品なたたずまいがある。その控えめな印象をいかすためにも、合わせる樹種も葉や花の色が濃いものや、ボリュームのあるものは避けて、品よくまとめる。

コバノトネリコは西日を嫌うため、東から南にかけての緑地で使う。小ぶりのため低木や地被もボリュームをあまり感じさせないものを選ぶ。

低木はミヤギノハギ、キハギ、シモツケ、地被はフイリヤブラン、ヒペリカムカリシナム、キチジョウソウ等がよい。

1｜**キハギ**

2｜**ミヤギノハギ**

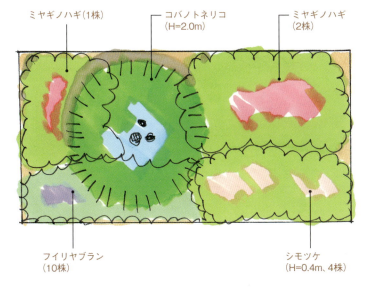
ミヤギノハギ（1株）／コバノトネリコ（H=2.0m）／ミヤギノハギ（2株）／フイリヤブラン（10株）／シモツケ（H=0.4m、4株）

3｜**シモツケ**

4｜**キチジョウソウ**

5｜**ヒペリカムカリシナム**

6｜**フイリヤブラン**

| | | |
|---|---|---|
| 1 | キハギ | H=0.8m　900円 |
| 2 | ミヤギノハギ | H=0.8m　1,500円 |
| 3 | シモツケ | H=0.5m　680円 |
| 4 | キチジョウソウ | 10.5cmポット　250円 |
| 5 | ヒペリカムカリシナム | 10.5cmポット　240円 |
| 6 | フイリヤブラン | 10.5cmポット　340円 |

落葉広葉樹

## コブシ

*Magnolia kobus*

モクレン科モクレン属

**別名**
コブシハジカミ

**樹高**
3.0m

**枝張**
1.0m

**幹周**
12cm

**花期**
3—4月

**熟期**
9—10月中旬

**植栽適期**
11月下旬—12月

**樹木単価**
8,100円/本

**環境特性**

**植栽可能**
北海道—九州

**自然分布**
北海道—中部、中国、九州北部

**シモクレン**

別名モクレン、モクレンゲ。中国原産。3〜4月、長さ約10cmの筒形の暗紫紅色の花が小枝の先端に1個ずつ咲く。紫のモクレンの代表樹

**ハクモクレン**

別名ハクレン、ハクレンゲ。中国原産。3〜4月にコブシに似るが、コブシより重量感のある花を枝先に付ける。コブシより生長が遅い

**ガールマグノリア'ジュディ'**

シモクレンとシデコブシの交雑種「ガールマグノリア」の品種の1つ。やや小さめの帯紫紅色の花を多数付ける。コブシより遅れて咲く

# ［植栽の作法］
## コブシを中心に春を告げる花木で構成する

1 | ガールマグノリア'スーザン'

2 | カラタネオガタマ

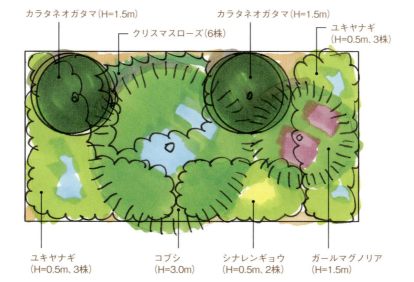

図中ラベル：
- カラタネオガタマ（H=1.5m）
- クリスマスローズ（6株）
- カラタネオガタマ（H=1.5m）
- ユキヤナギ（H=0.5m、3株）
- ユキヤナギ（H=0.5m、3株）
- コブシ（H=3.0m）
- シナレンギョウ（H=0.5m、2株）
- ガールマグノリア（H=1.5m）

3 | コデマリ

4 | シナレンギョウ

5 | ユキヤナギ

6 | クリスマスローズ

コブシはサクラより早く咲き始める春を告げる花木の1つ。同属（マグノリア属）は種類が豊富なので、同属のものを2種類くらいまぜて長く春の訪れを楽しむ庭としたい。

コブシの花は大振りなので、小さい花を付けるものと組み合わせてコントラストをつけると、豪華さが際立つ。コブシを中央を外して配置し、あいたスペースにガールマグノリアを添える。コブシもガールマグノリアも落葉のため、反対のスペースに同じモクレン科で常緑のカラタネオガタマを配置する。

低木には、コブシが咲く頃に小さい花をたくさん付けるユキヤナギやコデマリ、黄色い花でアクセントとなるシナレンギョウを入れる。

足もとには葉の形が特徴のあるクリスマスローズを添えると、コブシが咲く前後も花が楽しめる。

1 ガールマグノリア'スーザン'
　H=1.5m　4,500円

2 カラタネオガタマ
　H=1.5m　7,000円

3 コデマリ
　H=0.5m　640円

4 シナレンギョウ
　H=0.5m　800円

5 ユキヤナギ
　H=0.5m　680円

6 クリスマスローズ
　10.5cmポット　1,300円

## サクラ類

*Cerasus incisa*

落葉広葉樹 / 高木—中木

マメザクラ

バラ科サクラ属

**別名**
フジザクラ

**樹高**
2.5m

**枝張**
1.0m

**幹周**
—

**花期**
3月下旬—4月上旬

**熟期**
6月

**植栽適期**
12—1月

**樹木単価**
12,000円/本

**環境特性**
日照 | 陽—中—陰
湿度 | 乾—中—湿
温度 | 高—中—低

**植栽可能**
北海道—沖縄

**自然分布**
関東、北陸

**ソメイヨシノ**

日本を代表するサクラ。花が葉より先に咲き、満開になったあと散り、葉が出ることから潔さの象徴とされる。病気や虫の発生が多い

**シダレザクラ**

ソメイヨシノより早く咲く。寿命が長いことから全国に大木の名所がある。八重咲きのものや花色の濃いものなど品種も多い。シンボルツリーに向く

**サトザクラ'カンザン'**

サトザクラは人間が作り出した園芸種の総称名。八重が多いため、八重ザクラをサトザクラと呼ぶこともある。花色が濃い'カンザン'はその代表

[植栽の作法]
## サクラを中心に花木を楽しむ

1 | ニワウメ

2 | ニワザクラ

ニワザクラ（H=0.5m、2株）　マメザクラ（H=2.5m）　ベニバナアセビ（H=0.4m、3株）

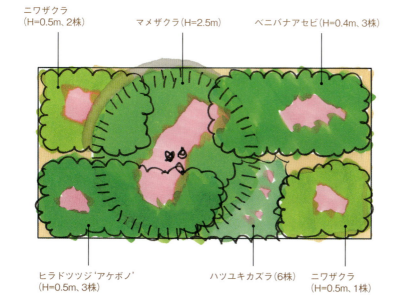

ヒラドツツジ'アケボノ'（H=0.5m、3株）　ハツユキカズラ（6株）　ニワザクラ（H=0.5m、1株）

3 | ヒラドツツジ'アケボノ'

4 | フジモドキ

5 | ベニバナアセビ

6 | ハツユキカズラ

　サクラ類は品種が非常に多い樹種である。代表的なものはソメイヨシノだが、生長が早く非常に大きくなるため、緑地にあまり余裕がない場合は植栽に向かない。都市部の一般的な個人住宅では、コンパクトにまとまるものを使ってサクラを楽しむほうがよい。コンパクトにまとまる代表的な品種はマメザクラで、樹高3mくらいでおさまり花を多く付ける。

　マメザクラを中央を外して配置。広くあいた側に常緑の花木ベニバナアセビと添える。

　低木は薄桃色の大輪の花を咲かせる常緑樹のヒラドツツジ'アケボノ'や、落葉広葉樹のニワザクラ、ニワウメ、フジモドキなどが合わせやすい。マメザクラは下から枝が分かれるように伸びるため、丈のある低木を組み合わせるとバランスが悪くなる。根もとは葉が花を思わせる色になるハツユキカズラで締める。

1 ニワウメ
H=0.5m　4,500円

2 ニワザクラ
H=0.5m　4,000円

3 ヒラドツツジ'アケボノ'
H=0.5m　1,500円

4 フジモドキ
H=0.5m　1,000円

5 ベニバナアセビ
H=0.4m　1,700円

6 ハツユキカズラ
10.5cmポット　300円

落葉広葉樹

## サルスベリ

*Lagerstroemia indica*

高木―中木

**ミソハギ科サルスベリ属**

**別名**
ヒャクジツコウ

**樹高**
2.5m

**枝張**
1.0m

**幹周**
12cm

**花期**
7―9月

**熟期**
10―11月

**植栽適期**
3月中旬―4月中旬、
6月下旬―7月中旬、9月

**樹木単価**
11,500円/本

**環境特性**
日照 陽―中―陰
湿度 乾―中―湿
温度 高―中―低

**植栽可能**
北海道―九州

**自然分布**
中国南部原産

**花**

花期は7～9月。フリル状の直径3～4cmの紅紫色または白色の花を多数咲かせる。次々と花が開き、花期が長いのが特徴

**樹皮**

樹皮はなめらかな質感でつるつるしている。淡紅褐色の樹皮が薄く剥げ落ちると、淡い色の木肌が現れる。冬期に葉を落としても独特な存在感がある

**シマサルスベリ**

サルスベリほど枝が横に広がらないで大型になる。花色は白く、秋の紅葉も美しい。中国、台湾のほか沖縄地域にも自生する

1 | フヨウ

2 | シモツケ

## [植栽の作法]
# 見ごろの長い夏の花木を楽しむ構成に

　サルスベリは夏の代表的な花木である。これを主木とする庭では花の魅力を引き出すように意識してデザインする。

　日当たりのよい場所を好むサルスベリは南から西向きの庭に配置する。サルスベリの花の色は通常濃い紅色だが、白やピンク、紫などの園芸種もあるので好みで選ぶ。サルスベリは樹形が乱れるため合わせる中木は低めのものを選ぶ。

　植栽するスペースの中央をやや外してサルスベリを植え、広くあいた側に同じく夏に花を咲かせ続ける落葉広葉樹のフヨウを植える。フヨウは生長が早いため大きくなることをある程度想定して空間を確保しておくこと。

　サルスベリの樹皮や樹形も楽しめるように、低木は低くおさえられるオタフクナンテンやアベリア'エドワードゴーチャ'、シモツケなどを、地被ではフイリヤブランやツワブキを添える程度にとどめる。

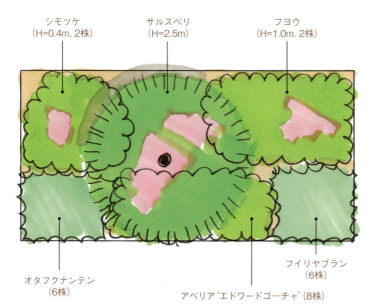

シモツケ（H=0.4m、2株）
サルスベリ（H=2.5m）
フヨウ（H=1.0m、2株）
オタフクナンテン（6株）
アベリア'エドワードゴーチャ'（8株）
フイリヤブラン（6株）

3 | アベリア'エドワードゴーチャ'

4 | オタフクナンテン

5 | ツワブキ

6 | フイリヤブラン

1 フヨウ
H=1.0m　1,800円

2 シモツケ
H=0.4m　570円

3 アベリア'エドワードゴーチャ'
12.0cmポット　440円

4 オタフクナンテン
10.5cmポット　1,000円

5 ツワブキ
10.5cmポット　280円

6 フイリヤブラン
10.5cmポット　340円

## 落葉広葉樹

### サワフタギ
*Symplocos sawafutagi*

高木／中木

ハイノキ科ハイノキ属

**別名**
ルリミノウシコロシ、ニシゴリ

**樹高**
1.5m

**枝張**
0.7m

**幹周**
—

**花期**
5—6月

**熟期**
9—10月

**植栽適期**
12—3月中旬

**樹木単価**
12,000円／本

**環境特性**
日照　陽——中——陰
湿度　乾——中——湿
温度　高——中——低

**植栽可能**
北海道—九州

**自然分布**
北海道—九州

**葉**
長さ4〜8cmの倒卵形または楕円形の葉が互生する。両面とも毛があってざらつき、裏面脈上には毛が多い。縁には細い鋸歯がある

**花**
5〜6月、側枝の先に円錐花序を出し、白色の花を付ける。花序の枝は有毛。花は直径7〜8mmで、咲いている様は羽毛のようである

**実**
核果。長さ6〜7mm。秋に鮮やかな藍色に熟す。別名の「ルリミノウシコロシ」にある「ルリミ（瑠璃実）」とはこの実の様から

1 | ムラサキシキブ

2 | シロヤマブキ

## [植栽の作法]
# 鑑賞性の高い紫色の実から構成を考える

サワフタギは庭木としてはマイナーだが、山間の明るい林のような、野趣に富んだ空間をつくるのに便利な落葉広葉樹である。春に白い小花を付け、秋には鑑賞性の高い紫色の実を付ける。ここではそれをいかした庭のデザインを提案する。

サワフタギを植栽スペースを1：2くらいに分ける場所に配置する。サワフタギは不整形に枝を伸ばすため、合わせる中木、低木もあまり整然としないものを選ぶ。

大きくあいた側にムラサキシキブを添える。ムラサキシキブも、サワフタギ同様、秋に紫色の実を楽しむことができる。低木には湿った場所を好み、枝が奔放に伸びる落葉広葉樹のコゴメウツギと、春に白い花を咲かせるヒメウツギやシロヤマブキを使う。

地被は夏の終わりに紫色の花を咲かせるヤブランやキチジョウソウを添える。

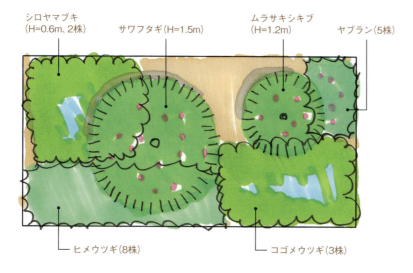

シロヤマブキ（H=0.6m、2株）　サワフタギ（H=1.5m）　ムラサキシキブ（H=1.2m）　ヤブラン（5株）
ヒメウツギ（8株）　コゴメウツギ（3株）

3 | コゴメウツギ

4 | ヒメウツギ

5 | キチジョウソウ

6 | ヤブラン

1　ムラサキシキブ
　　H=1.2m　2,500円

2　シロヤマブキ
　　H=0.6m　1,200円

3　コゴメウツギ
　　H=0.5m　1,500円

4　ヒメウツギ
　　H=0.3m　900円

5　キチジョウソウ
　　10.5cmポット　250円

6　ヤブラン
　　10.5cmポット　230円

落葉広葉樹

## サンシュユ
*Cornus officinalis*

高木／中木

ミズキ科サンシュユ属

**別名**
ハルコガネバナ

**樹高**
2.5m

**枝張**
0.8m

**幹周**
—

**花期**
3—4月(上旬)

**熟期**
10月中旬—11月

**植栽適期**
11—3月

**樹木単価**
10,000円/本

**環境特性**
日照 陽——中——陰
湿度 乾————湿
温度 高————低

**植栽可能**
東北—九州

**自然分布**
中国・朝鮮原産

**花**
3〜4月に、葉が展開する前に木全体に開花する。短枝の先に直径2〜3cmの散形花序を出して、明るい淡黄色の小さな花を多数付ける

**実**
核果。長さ1.2〜2cmの長楕円形で、10月中旬〜11月に赤く熟す。核は長さ8〜12mm、中央に縦の稜がある。果肉は生薬に利用される

**ハナミズキの花**
ハナミズキはサンシュユと同じミズキ科だが、花の印象が異なる。サンシュユは和風の庭、ハナミズキは洋風の庭に使われることが多い

樹木別に配植プランがわかる 植栽大図鑑［改訂版］　　　　　　　　　　　　　　　　　　　149

**1｜ロウバイ**

**2｜ウンナンオウバイ**

ウンナンオウバイ（H=0.6m、3株）　サンシュユ（H=2.5m）　ロウバイ（H=1.8m）

リシマキア（10株）　キンシバイ（H=0.5m、3株）

**3｜エニシダ**

**4｜キンシバイ**

**5｜ビヨウヤナギ**

**6｜リシマキア**

## ［植栽の作法］
# 春の花木でつくるイエローガーデン

　春には、サンシュユのように黄色い花を咲かせる樹木が多いため、それらを集めて「春のイエローガーデン」をつくると、まだ寒い早春に暖かさを感じられる庭となる。

　サンシュユは日当たりを好むため南向きに配置する。庭のスペースを1:2に分けるくらいの場所に配置し、中木のロウバイを広くあいた側に植える。ロウバイの前にはキンシバイやビヨウヤナギを入れると、これらの花期が初夏（6～7月）なので、春の花が終わったあとも花が楽しめる。

　ロウバイの反対側は低木の常緑広葉樹で緑色の枝が美しいウンナンオウバイやエニシダを配置し、その足もとを5～7月に花を付ける地被・リシマキアで覆う。リシマキアは黄色い葉のオーレアタイプもあるので、それを利用するとよりイエローガーデンらしくなる。

1　ロウバイ
　H=1.8m　5,200円

2　ウンナンオウバイ
　H=0.6m　1,200円

3　エニシダ
　H=0.5m　460円

4　キンシバイ
　H=0.5m　740円

5　ビヨウヤナギ
　H=0.5m　1,100円

6　リシマキア
　9.0cmポット　230円

## シダレヤナギ

*Salix babylonica*

落葉広葉樹 / 高木・中木

ヤナギ科ヤナギ属

**別名**
イトヤナギ

**樹高**
3.0m

**枝張**
0.8m

**幹周**
12cm

**花期**
3—4月

**熟期**
なし

**植栽適期**
12—3月

**樹木単価**
13,500円／本

**環境特性**
日照 陽―中―陰
湿度 乾―湿
温度 高―低

**植栽可能**
北海道—九州

**自然分布**
中国原産

**葉**

枝垂れた枝に長さ8〜13cmの線形で、細い葉が互生する。縁には浅い細かな鋸歯がある。新葉の縁は巻かない。葉裏は粉白色で無毛

**バッコヤナギ**

北海道〜本州近畿以北、四国に分布する。葉は長さ8〜13cmと大型で、「ヤナギは細く枝垂れるもの」と考えていると違いに驚く

**イヌコリヤナギ**

日本の野山に自生するヤナギ。庭木では小型のヤナギで中木として利用する。シダレヤナギのように枝垂れない。葉が出る前の3月ごろに開花する

1 | ヤマハギ

2 | アベリア

## [植栽の作法]
# 和的な樹木でモダンな空間を演出する

シダレヤナギは水辺を好む樹木だが、丈夫なため街路樹などにもよく使われる。東京では寒さが厳しくなるころに落葉するが、暖かくなるとすぐに新芽を出すため、ほとんど常緑樹のように扱える。

シダレヤナギは早く生長し大きくなるが、剪定に耐えるためコンパクトにまとめることも可能。ハギなどの和の印象の強い樹木と組み合わせやすいが、洋的なモダンな空間を演出することもできる。

日当たりがよく、あまり風が通らない緑地が適地である。植栽スペースを1:2に分けるところにシダレヤナギを配置する。下枝が垂れ下がるため、中木などは添えないほうがよい。低く広がるシバ類を中心に足もとを覆い、枝が当たらないようなところは、同じく枝先が下がるアベリアやヤマハギ、ビヨウヤナギ、ユキヤナギなどを配置する。

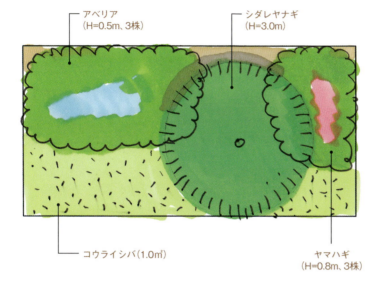

アベリア（H=0.5m、3株）
シダレヤナギ（H=3.0m）
コウライシバ（1.0㎡）
ヤマハギ（H=0.8m、3株）

3 | ビヨウヤナギ

4 | ユキヤナギ

5 | コウライシバ

6 | ディコンドラ

1 ヤマハギ
H=0.8m　570円

2 アベリア
H=0.5m　540円

3 ビヨウヤナギ
H=0.5m　1,100円

4 ユキヤナギ
H=0.5m　680円

5 コウライシバ
1㎡あたり　500円

6 ディコンドラ
1kgあたり　9,450円
（60〜100㎡分）

落葉広葉樹

## シナノキ

*Tilia japonica*

高木―中木

シナノキ科シナノキ属

**別名**
シナ、アカジナ

**樹高**
2.5m

**枝張**
0.7m

**幹周**
—

**花期**
6―7月

**熟期**
10月

**植栽適期**
12―3月

**樹木単価**
12,000円/本

**環境特性**
日照 | 陽――中――陰
湿度 | 乾――中――湿
温度 | 高――中――低

**植栽可能**
北海道―九州

**自然分布**
北海道―九州
（太平洋側暖地を除く）

**花**
6〜7月、葉腋から長さ5〜8cmの集散花序を垂らし、直径1cmほどの淡黄色の花を10数個付ける。香りがよく、良質の蜂蜜が取れる

**オオバボダイジュ**
シナノキ属のなかで一番葉が大きく、葉身は長さ7〜13cmで互生する。ゆがんだ心円形をしており縁には大きな鋸歯がある

**セイヨウシナノキ**
シナノキの近似種。「リンデン」の名前で呼ばれ公園樹、街路樹としてヨーロッパやアメリカなどで用いられる。花・葉などはハーブとして利用される

1 | マルバノキ

2 | ダンコウバイ

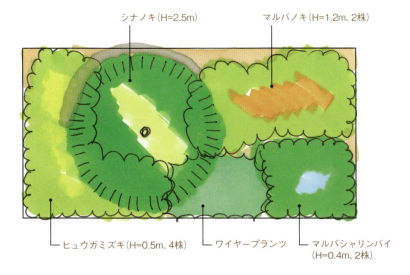

シナノキ(H=2.5m)
マルバノキ(H=1.2m、2株)
ヒュウガミズキ(H=0.5m、4株)
ワイヤープランツ
マルバシャリンバイ(H=0.4m、2株)

3 | ヒュウガミズキ

4 | ミヤギノハギ

5 | マルバシャリンバイ

6 | ワイヤープランツ

## [植栽の作法]
# 明るい緑とハート型でつくるやさしい印象の庭

　シナノキは葉の形がハート型で、葉色も明るい緑色のため、見る人に優しい印象を与える。シナノキの庭では、このイメージを膨らませるようにデザインする。

　中央から少し外れた位置にシナノキを配置し、同じような丸い葉をもつ中木のマルバノキを入れる。冷涼な地域では手のひらのような葉の形のダンコウバイなどでもよい。マルバノキは赤く紅葉して秋も楽しめ、ダンコウバイは春に香りよい花が楽しめる。

　低木、地被でも丸い葉をもつものを選ぶようにする。低木ならば、落葉樹のヒュウガミズキやミヤギノハギ、常緑樹のマルバシャリンバイ。地被ならばつる性植物のワイヤープランツなどがよい。

　なお、シナノキは暑く、西日が強く当たるところを好まないので、西向きの庭では日射に注意が必要である。

1 マルバノキ
H=1.2m　6,000円

2 ダンコウバイ
H=1.0m　3,000円

3 ヒュウガミズキ
H=0.5m　740円

4 ミヤギノハギ
H=0.5m　750円

5 マルバシャリンバイ
H=0.4m　1,500円

6 ワイヤープランツ
10.5cmポット　350円

## 落葉広葉樹

## シラカンバ

*Betula platyphylla*

高木／中木

|  |  |
|---|---|
| 科属 | カバノキ科カバノキ属 |
| 別名 | シラカバ、カバ、カバノキ、カンバ |
| 樹高 | 3.0m |
| 枝張 | 0.8m |
| 幹周 | 10cm |
| 花期 | 4—5月 |
| 熟期 | 9—10月 |
| 植栽適期 | 11—3月 |
| 樹木単価 | 9,000円／本 |

**環境特性**

- 日照｜陽—中—陰
- 湿度｜乾—中—湿
- 温度｜高—中—低

**植栽可能**
北海道—本州中部

**自然分布**
北海道—本州中部

**葉**
濃緑色でやや光沢がある葉身は長さ5～8cmの三角状広卵形で、長枝では互生し、短枝では2枚付く。葉先は鋭く尖り、葉縁には重鋸歯をもつ

**幹肌**
白色の樹皮は、なめらかで光沢があり、内皮は淡褐色をしている。横に長い線状の皮目をもち、紙状に薄くはがれる。樹皮は細工物などに利用

**ダケカンバ**
別名ソウシカンバ。北海道～四国までの亜高山帯～高山帯に分布する、シラカンバより標高の高いところに生える。幹肌はやや肌色

[植栽の作法]
# 白い幹を並べ高原のさわやかな林をつくる

　シラカンバは、高原など冷涼な気候地を好む樹木。日当たりを好むが、乾燥しやすい場所や西日が強い場所はあまり向かない。生長はよいが剪定を嫌う。

　シラカンバを使った庭は、幹がつくる景色をいかにデザインするかがポイントとなる。

　シラカンバの幹をより美しく見せるには、1本だけ入れるのではなく、数本を並べるように植える。シラカンバは横一列に等間隔に並べるのではなく、左右前後とも少しずつずらしながら植えると自然の感じが出る。

　根もとはできるだけすっきりさせるように、シバやクマザサなどの地被類を中心に植える。少しさびしい印象になると感じたら、高原のさわやかなイメージをつくる低木のヤマツツジ、ミツバツツジ、バイカウツギ、ヤマハギなどを添える。

1 | ヤマハギ

2 | バイカウツギ

3 | ヤマツツジ

5 | クマザサ

6 | ケンタッキーブルーグラス

1　ヤマハギ
H=0.8m　570円

2　バイカウツギ
H=0.8m　1,500円

3　ヤマツツジ
H=0.6m　1,100円

4　ミツバツツジ
H=0.6m　1,100円

5　クマザサ
12cmポット　440円

6　ケンタッキーブルーグラス
1kgあたり　1,500円
（40〜50m²分）

## ツリバナ

*Euonymus oxyphyllus*

落葉広葉樹 / 高木—中木

ニシシギ科ニシシギ属

**別名**
エリマキ、ツリバナマユミ

**樹高**
2.0m

**枝張**
0.6m

**幹周**
—

**花期**
5—6月

**熟期**
9月中旬—10月

**植栽適期**
11—3月

**樹木単価**
7,500円/本

**環境特性**
日照 | 陽——中——陰
湿度 | 乾——中——湿
温度 | 高————低

**植栽可能**
北海道—九州

**自然分布**
東北—九州

**花**
5〜6月、葉腋から集散花序を下垂し、緑白色または淡紫色の花を数個〜30個ほど付ける。花は直径8mmほどで、黄緑色の花盤が目立つ

**実**
直径1cmの球形で、9〜10月に紅色に熟す。5〜8cmほどの果柄に垂れ下がった丸い実は、5つに裂開すると、朱赤色の仮種皮のある種子を出す

**オオツリバナの実**
ツリバナよりやや葉も樹形も大型になる。実がはじけた様が、梅のようになるのが特徴。ツリバナより深山の寒い地域に自生する

1 | セイヨウシャクナゲ

2 | ホンシャクナゲ

## [植栽の作法]
# 小さな庭に野山の風景をつくるように

ツリバナは、日本の野山に自生する落葉広葉樹である。花は地味だが、秋に赤く熟す実は紐に付けた鈴のようで、面白さがある。小ぶりでふわっと丸くなる樹形は、狭い空間で野趣に富んだ、自然風の庭づくりに重宝する。

ツリバナは、ひどい暑さと西日を嫌い、やや湿ったところを好むため、東側か、中庭のようなところに植栽する。庭のスペースを1:2くらいに分ける位置に配置し、大きくあいた側には1.2m程度のあまり大きくならないシャクナゲ類を配置する。

ツリバナは枝が横に広がるため、近くに植える樹は低木とする。落葉樹だけでは冬期にさびしい感じの庭になるので、低木には常緑のものを選ぶ。常緑で黄色い花のヒカゲツツジやヤマツツジなどがよい。地被にクマザサやオカメザサを用いると、山の明るい森のイメージになる。

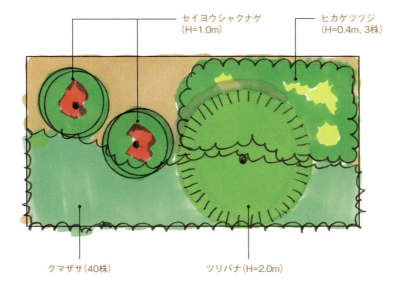

セイヨウシャクナゲ（H=1.0m）　ヒカゲツツジ（H=0.4m、3株）
クマザサ（40株）　ツリバナ（H=2.0m）

3 | ヤマツツジ

4 | ヒカゲツツジ

5 | オカメザサ

6 | クマザサ

1 セイヨウシャクナゲ　H=1.0m　1,500円

2 ホンシャクナゲ　H=1.0m　15,000円

3 ヤマツツジ　H=0.5m　800円

4 ヒカゲツツジ　H=0.4m　3,000円

5 オカメザサ　12cmポット　250円

6 クマザサ　12cmポット　440円

落葉広葉樹

Acer buergerianum

## トウカエデ

高木―中木

ムクロジ科カエデ属

**別名**
サンカクカエデ

**樹高**
2.5m

**枝張**
0.5m

**幹周**
―

**花期**
4―5月

**熟期**
10―11月

**植栽適期**
11―1月

**樹木単価**
3,800円/本

**環境特性**
日照 陽―中―陰
湿度 乾―湿
温度 高―低

**植栽可能**
北海道南部―九州

**自然分布**
中国・台湾原産

**幹肌**
淡い褐色をしている。縦に割れめが入り、短冊状に不規則にはがれ落ちる。樹勢が強く、最終的な樹高は20m程度になる

**トウカエデ'ハナチルサト'**
葉の色がピンク色→クリーム色→緑色→紅色と変化する園芸品種で、レインボーとも言う。トウカエデに比べて丈夫さはやや劣る

**フウ**
中国原産。本種と似ているがフウはマンサク科フウ属で、まったく別種。写真は秋の紅葉時期のもので、暖地でも美しく紅葉する

1 | キョウチクトウ

2 | オオムラサキツツジ

## [植栽の作法]
# 西日を遮るカエデの庭

トウカエデは名前に「カエデ」とあるが、日本のカエデ類と異なり乾燥や日当たり、潮風、大気汚染にも耐える強い樹である。そのため街路樹などによく使われている。

非常に生長が速いが、強い刈込みにも耐えるため、狭い空間でも植栽樹として利用可能である。西日に十分耐えるため、日差しの強い西側の開口部の前に植栽すると、日差しを遮るスクリーンのような働きが期待できる。

トウカエデは中央からずらした位置に配置し、大きくあいた側に中木であるキョウチクトウを植える。キョウチクトウも西日と大気汚染に強い樹木である。

低木にも西日と大気汚染に強いシャリンバイやトベラ、ハマヒサカキ、花を楽しめるオオムラサキツツジを入れる。最近は紅色の花を付けるベニバナシャリンバイもあるため、混ぜ植えすると彩りが豊かになる。

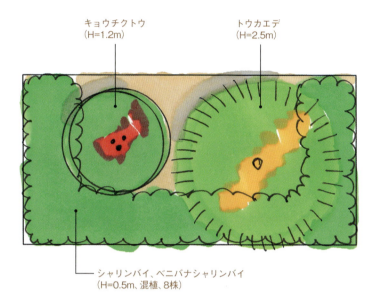

キョウチクトウ (H=1.2m)
トウカエデ (H=2.5m)
シャリンバイ、ベニバナシャリンバイ (H=0.5m、混植、8株)

3 | シャリンバイ

4 | ベニバナシャリンバイ

5 | トベラ

6 | ハマヒサカキ

1 キョウチクトウ　H=1.2m　1,500円
2 オオムラサキツツジ　H=0.5m　960円
3 シャリンバイ　H=0.5m　1,100円
4 ベニバナシャリンバイ　H=0.5m　900円
5 トベラ　H=0.5m　1,100円
6 ハマヒサカキ　H=0.5m　1,100円

落葉広葉樹

## トチノキ
*Aesculus turbinata*

高木／中木

ムクロジ科トチノキ属

**別名**
—

**樹高**
2.5m

**枝張**
0.7m

**幹周**
12cm

**花期**
5—6月

**熟期**
10—11月

**植栽適期**
11—3月

**樹木単価**
15,500円/本

**環境特性**
日照 陽—中—陰
湿度 乾—中—湿
温度 高—中—低

**植栽可能**
北海道中部—九州

**自然分布**
北海道南部—本州（千葉—愛知を除く）、四国,九州北部

**花**

5〜6月にその年に出た枝の先端から長さ15〜25cmの円錐花序を直立させ、直径約15mmの白い花を多数付ける。ベニバナトチノキは朱紅色

**ベニバナトチノキ**

赤い大きな花が特徴。市場ではこれがマロニエとして流通している場合がある。セイヨウトチノキとアカバナトチノキの交雑種といわれている

**セイヨウトチノキ**

別名マロニエ。花は白色に少し赤みがさした色で、トチノキとよく形が似ている。ヨーロッパやアメリカでは街路樹としてよく使われる

## [植栽の作法] 天狗の葉でつくる緑陰空間

トチノキの葉は20〜30cmと大きく、丸く広がる樹形は夏期に良好な緑陰空間をつくる。この特徴をいかすために、中木は合わせず低木や地被程度で合わせる。

トチノキは大きく生長するため中央に配置する。低木には葉の形を楽しめる、丸い葉のヒュウガミズキやヘラ型の葉のメギ、ヤナギのような葉をもつビヨウヤナギやキンシバイを添える。地被はキチジョウソウやヤブランのような草のような形のものが合わせやすい。

赤い花を付けるベニバナトチノキのほうが市場に出回ることが多くなってきたが、かなり派手な印象になる。さらっとした感じを演出したい場合は、白い花のトチノキを使う。なお、アメリカ原産のアカバナトチノキは樹高があまり高くならずやぶ状になるため、扱いが変わる。

1 | キンシバイ

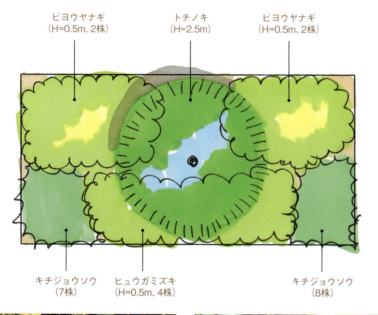

2 | ヒュウガミズキ

ビヨウヤナギ (H=0.5m、2株)
トチノキ (H=2.5m)
ビヨウヤナギ (H=0.5m、2株)
キチジョウソウ (7株)
ヒュウガミズキ (H=0.5m、4株)
キチジョウソウ (8株)

3 | ビヨウヤナギ

4 | メギ

5 | キチジョウソウ

6 | ヤブラン

1 キンシバイ　H=0.5m　740円
2 ヒュウガミズキ　H=0.5m　740円
3 ビヨウヤナギ　H=0.5m　1,100円
4 メギ　H=0.3m　750円
5 キチジョウソウ　10.5cmポット　250円
6 ヤブラン　10.5cmポット　230円

## ナツツバキ

*Stewartia pseudocamellia*

落葉広葉樹 / 高木―中木

ツバキ科ナツツバキ属

**別名**
シャラノキ、サラノキ、シャラ、サルナメ

**樹高**
2.5m

**枝張**
0.6m

**幹周**
株立ち

**花期**
6―7月

**熟期**
10月

**植栽適期**
12―3月

**樹木単価**
6,500円/本

**環境特性**
日照 │陽――中――陰
湿度 │乾――中――湿
温度 │高――中――低

**植栽可能**
北海道南部―九州

**自然分布**
本州(福島・新潟以西)―九州

**葉**
濃緑色の葉はやや厚い膜質。葉身は長さ4〜12cmの倒卵形で互生。葉先は尖り、葉縁には細かい鋸歯がある。ヒメシャラより大きく、葉脈が目立つ

**花**
6〜7月に、葉の付け根に直径5〜6cmの白花を上向きに付ける。ツバキは花期が冬〜春のものが多いのに対し、ナツツバキ属は初夏に花を楽しめる

**ヒメシャラ**
ツバキ科ナツツバキ属。花期はナツツバキと同じく6〜7月。幹肌はなめらかで光沢があり、赤褐色をしている。秋には美しく紅葉する(180頁参照)

1 | オオデマリ

2 | ガマズミ

## [植栽の作法]
# 春の名残りを感じさせる白い花の庭とする

ナツツバキは幹肌模様が面白く、花や葉が落ちたあとも鑑賞性が高い。春の終わりに白い花を咲かせるので、同じころに花が楽しめる樹種を集め、春の名残りを感じさせる花木の庭をつくる。

ナツツバキは西日を嫌い、湿潤な環境を好むため、東側あるいは北側、中庭等のやや日当たりの悪いところに植栽し、日当たりのよい場所や乾燥する場所は避ける。

緑地スペースを1:2に分ける位置に株立ちのナツツバキを配置し、大きくあいた側に白い花が目立ち、紅葉も楽しめるガマズミやバイカウツギ、オオデマリを植える。

ナツツバキはあまり大きくならないため、中木はあまり入れないほうがよい。低木はヒメウツギ、地被はヤブコウジや宿根草のギボウシなどでまとめる。

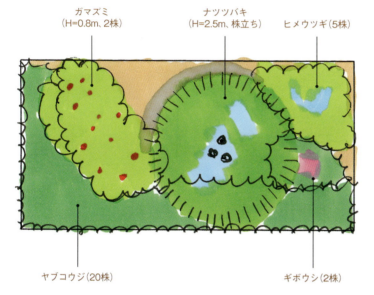

ガマズミ（H=0.8m、2株）
ナツツバキ（H=2.5m、株立ち）
ヒメウツギ（5株）
ヤブコウジ（20株）
ギボウシ（2株）

3 | バイカウツギ

4 | ヒメウツギ

5 | ギボウシ

6 | ヤブコウジ

1 オオデマリ
H=0.8m　5,600円

2 ガマズミ
H=0.8m　820円

3 バイカウツギ
H=0.8m　1,500円

4 ヒメウツギ
H=0.3m　900円

5 ギボウシ
10.5cmポット　250円

6 ヤブコウジ
9.0cmポット　240円

## 落葉広葉樹

### ナナカマド
*Sorbus commixta*

バラ科ナナカマド属

**別名**
オオナナカマド

**樹高**
2.5m

**枝張**
0.6m

**幹周**
10cm

**花期**
5—7月

**熟期**
9—10月

**植栽適期**
2—3月

**樹木単価**
8,100円/本

**環境特性**
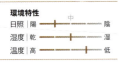

**植栽可能**
北海道—九州

**自然分布**
北海道、東北、北陸—中国の日本海側、四国中央、九州太平洋側

**花**
5～7月に枝先に複散房花序を出し、平たい円形の花弁を5枚もつ直径6～10mmのウメのような白い花を多数咲かせる

**実**
果実は直径5～6mmの球形の梨果で、多数が寄せ集まって枝先から垂れ下がる。9～10月に赤く熟し、小鳥が好んでこの実を食べる

**ニワナナカマド**
別名チンシバイ。葉の形や小さな白い花を無数に付ける様がナナカマドによく似た落葉低木だが別属。庭木としてよく利用されている

1 | ミツバツツジ

2 | ヤマツツジ

## [植栽の作法]
# 春の白い花と秋の紅葉と赤い実を楽しむ

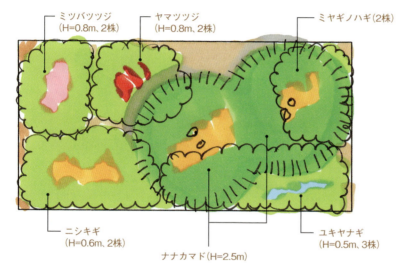

ミツバツジ（H=0.8m、2株）　ヤマツツジ（H=0.8m、2株）　ミヤギノハギ（2株）
ニシキギ（H=0.6m、2株）　ナナカマド（H=2.5m）　ユキヤナギ（H=0.5m、3株）

　ナナカマドは東北地方で街路樹としてよく用いられる樹種で、冷涼な気候を好む。ただし、日当たりのよい場所を好む。秋に紅葉と赤い実が楽しめるほか、春に小さな白い花が多数集まって付く様はなかなか見ごたえがある。

　日当たりのよい緑地に、ナナカマドを2本やや片側に寄せて植える。ナナカマドは主幹がすっと1本立つのではなく、下のほうで枝分かれするように生長し、左右対称になりにくい。枝が丈夫で絡み合う感じになるため、中木を組み合わせるより、数本並べて存在感を出すように植える。

　大きくあいた側にやや高くなる低木を入れる。ヤマツツジやミツバツツジなどのツツジ類が合わせやすい。ニシキギを入れると秋の紅葉を楽しめる。手前には樹形のカチッとしないユキヤナギやミヤギノハギを配す。

3 | ニシキギ

4 | ウメモドキ

5 | ミヤギノハギ

6 | ユキヤナギ

1　ミツバツツジ
H=0.8m　1,600円

2　ヤマツツジ
H=0.8m　1,600円

3　ニシキギ
H=0.6m　1,100円

4　ウメモドキ
H=0.5m　1,200円

5　ミヤギノハギ
H=0.5m　750円

6　ユキヤナギ
H=0.5m　680円

## 落葉広葉樹

# ネムノキ

*Albizia julibrissin*

高木／中木

**マメ科ネムノキ属**

**別名**
ネム、ネブタノキ

**樹高**
2.5m
（植栽時は1.5m以下）

**枝張**
0.8m

**幹周**
12cm

**花期**
6—7月

**熟期**
10—12月

**植栽適期**
10—11月、2—3月、
6月下旬—7月

**樹木単価**
1,200円/本（H=1.5m）

**環境特性**
日照｜陽——中——陰
湿度｜乾——中——湿
温度｜高——中——低

**植栽可能**
北海道南部—沖縄

**自然分布**
東北—九州

**花**

6〜7月、枝先に淡紅色の花が10〜20個、頭状に集まって咲く。花は葉の就眠運動に逆らうよう夕方に開いて、翌日には絞む

**実**

果実のさやは長楕円形で、長さ10〜15cm。内部には長さ10〜15mmの楕円形の種子が6〜12個入っており、10〜12月に褐色に熟す

**オジギソウ**

南アメリカ原産。観賞用に栽培されており、園芸上では一年草。葉には夜間や刺激を受けたときに速やかに閉じる性質がある

樹木別に配植プランがわかる 植栽大図鑑 ［改訂版］　　　　　　　　　　　　　　　　167

1 | アベリア

2 | キンシバイ

ハマヒサカキ(3株)　ネムノキ(H=2.5m)　ハマヒサカキ(3株)

キンシバイ(2株)　アベリア(2株)　キンシバイ(2株)

3 | ジンチョウゲ

4 | ハマヒサカキ

5 | ヒサカキ

6 | ヒイラギナンテン

## ［植栽の作法］
# 優しい印象の葉がつくる緑陰をいかす

ネムノキはマメ科の野山に自生する落葉広葉樹である。ネムノキの庭は、軽やかな枝葉がつくる、穏やかな緑陰を楽しむようにデザインする。

日当たりの良い場所に緑地を確保し、その中心にネムノキを植栽する。ネムノキは横に広がるため中木を添えない。

生長は早いほうだが、ほどよく生長する間も庭が楽しめるよう、低木を数種類合わせる。ネムノキが若木のころは足元は日当たりがよいが、生長するにつれて日当たりが悪くなるため、日陰にも耐えるハマヒサカキ、ヒサカキ、アベリア、キンシバイ、ジンチョウゲ、ヒイラギナンテンなどを選ぶ。

なお、ネムノキはふわっとした不思議な姿をした鑑賞性が高い花を付ける。ただし、樹の上方に多く付くため、楽しむためには、2～3階くらいから眺めるような環境が必要となる。

1 アベリア
H=0.5m　540円

2 キンシバイ
H=0.5m　740円

3 ジンチョウゲ
H=0.5m　1,600円

4 ハマヒサカキ
H=0.5m　1,100円

5 ヒサカキ
H=0.5m　850円

6 ヒイラギナンテン
H=0.5m　1,100円

落葉広葉樹

## ハナカイドウ

*Malus halliana*

バラ科リンゴ属

**別名**
カイドウ

**樹高**
2.5m

**枝張**
0.8m

**幹周**
—

**花期**
4月

**熟期**
10—11月

**植栽適期**
2—3月下旬、
6月下旬—7月中旬

**樹木単価**
7,000円/本

**環境特性**
日照　陽―中―陰
湿度　乾―中―湿
温度　高―中―低

**植栽可能**
北海道南部—九州

**自然分布**
中国原産

**花**
4月に、短枝の先に直径3〜3.5cmの淡紅色の花が4〜6個垂れ下がって咲く。花弁は一重または半八重になり、花弁は5〜10個

**ズミ**
別名コリンゴ。北海道から四国まで分布し、冷涼で湿潤な環境を好む。ハナカイドウと同じ仲間で、5〜6月ごろに白い花を多数付ける

**カイドウ**
カイドウは中国原産で、中国ではハナカイドウ以外にも多く種類がある。写真は中国天津水上公園で撮影したもの。実が大きい

## [植栽の作法]
## 小ぶりな花木を狭いスペースで活用する

1 | オトコヨウゾメ

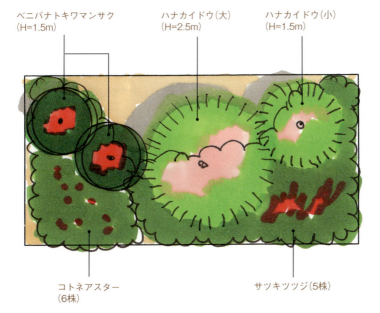

2 | ベニバナトキワマンサク

春にサクラに似た花を付けるハナカイドウは、1mくらいからでも樹木全体に花を付けるので、狭い空間で重宝する花木である。

ハナカイドウは幹の下部から枝分かれするように乱れながら樹形を形成する。そのため1本で植えるより、ほかの花木と組み合わせたほうがおさまりがよい。

日当たりのよい場所に緑地を確保し、ハナカイドウを大小2本、中心よりやや離して植える。広くあいた側にはベニバナトキワマンサクやオトコヨウゾメをこちらも2本配置する。

ハナカイドウは高さがないため、低めの低木と、地被を選ぶ。低木ならばサツキツツジやヒメウツギ、ヒメクチナシ、地被ならばコトネアスターなどがよい。

配植図:
- ベニバナトキワマンサク（H=1.5m）
- ハナカイドウ（大）（H=2.5m）
- ハナカイドウ（小）（H=1.5m）
- コトネアスター（6株）
- サツキツツジ（5株）

3 | サツキツツジ

4 | ヒメウツギ

5 | ヒメクチナシ

6 | コトネアスター

1 オトコヨウゾメ　H=1.5m　3,000円
2 ベニバナトキワマンサク　H=1.5m　3,000円
3 サツキツツジ　H=0.3m　680円
4 ヒメウツギ　H=0.3m　900円
5 ヒメクチナシ　H=0.2m　400円
6 コトネアスター　10.5cmポット　230円

## 落葉広葉樹

## ハナズオウ

*Cercis chinensis*

高木／中木

**マメ科ハナズオウ属**

**別名**
ハナムラサキ、スオウギ、スオウノキ

**樹高**
2.0m

**枝張**
1.0m

**幹周**
—

**花期**
4月

**熟期**
10—11月

**植栽適期**
11—3月

**樹木単価**
4,000円/本

**環境特性**
日照｜陽——中——陰
湿度｜乾————湿
温度｜高————低

**植栽可能**
北海道南部—九州

**自然分布**
中国中・北部原産

**花**
花期は4月ごろで、葉が開く前に、前年枝や古い枝に紅紫色の蝶型花が束生する。枝にびっしりと花が付いて、遠くからでもよく目立つ

**実**
サヤインゲンを大きくしたような平たい鞘状の豆果。長さ5〜7cmの長楕円形で両端が尖っている。10〜11月に紫色を帯びた褐色に熟す

**アメリカハナズオウ**
北米原産。写真は園芸種でアメリカハナズオウ'フォレストパンシー'。新葉時の赤紫葉が特徴で明るい紅〜緑を帯びた濃紫色に変化する

## [植栽の作法]
# 春から秋にかけて咲き誇る紫色の花の空間

1 | **シコンノボタン**

2 | **セイヨウニンジンボク**

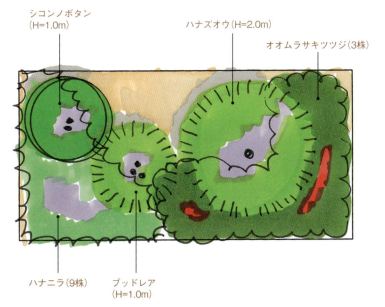

シコンノボタン（H=1.0m）
ハナズオウ（H=2.0m）
オオムラサキツツジ（3株）
ハナニラ（9株）
ブッドレア（H=1.0m）

ハナズオウの魅力は存在感のある花である。春に葉が付く前に、濃い紫色の花を咲かせる。この時期にこれだけ濃い色の花を付ける樹木がほかにはないため、見る者に強い印象を与える。

ハナズオウは2m程度と大きくならないため、植栽スペースはあまり必要でない。ただし、枝が横に広がるため周囲には空間を確保する。

植栽スペースの左右1:3程度の位置にハナズオウを配植する。広くあいた側には中木のブッドレア、シコンノボタン、セイヨウニンジンボクを植えて、春から秋口まで濃い紫色の花が続いて咲くようにする。

低木にも紫色の花を付けるものを選ぶと全体のデザインに統一感が生まれる。非常に丈夫で手のかからないオオムラサキツツジを低木に選ぶ。立体感が生まれるように、地被にはハナニラやシランを添える。

3 | **ブッドレア**

4 | **オオムラサキツツジ**

5 | **シラン**

6 | **ハナニラ**

1　シコンノボタン
　　H=1.0m　4,500円

2　セイヨウニンジンボク
　　H=1.0m　2,500円

3　ブッドレア
　　H=1.0m　3,000円

4　オオムラサキツツジ
　　H=0.5m　960円

5　シラン
　　10.5cmポット　330円

6　ハナニラ
　　9.0cmポット　250円

落葉広葉樹

## ハナミズキ

*Benthamidia florida*

高木―中木

ミズキ科サンシュユ属

**別名**
アメリカヤマボウシ、ドッグウッド

**樹高**
2.5 m

**枝張**
0.1 m

**幹周**
60 cm

**花期**
4月―5月

**熟期**
9月―10月中旬

**植栽適期**
12月上旬―3月上旬
(真冬を除く)

**樹木単価**
赤:16,500円/本
白:12,500円/本

**環境特性**
日照│陽――中――│陰
湿度│乾――――│湿
温度│高――――│低

**植栽可能**
北海道南部―沖縄

**自然分布**
北アメリカ原産

**葉**
表面は深緑色、裏面は粉白色。葉身は長さ7〜15cmの卵状楕円形〜卵形をしている。葉縁は全縁。秋には美しく紅葉する

**実**
長さ1cmほどの楕円形の核果で、9〜10月に光沢のある暗紅色に熟す。実の先端にはがくが落ちた跡が残っている。枝先に数個集まって付く

**ヤマボウシ**
ハナミズキの近縁で花や葉の姿はよく似ているが、果実は見た目がまったく異なる。秋に赤く熟す実は食べられる(192頁参照)

樹木別に配植プランがわかる 植栽大図鑑［改訂版］　　　　　　　　　　　　　　　　　　　　　　　173

1 | ガールマグノリア

2 | アベリア

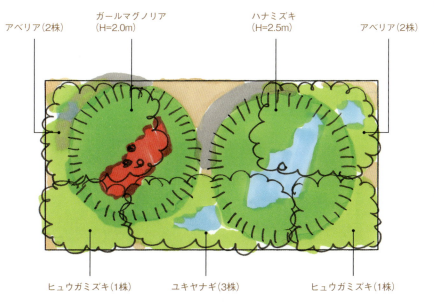

3 | ユキヤナギ

4 | ヒュウガミズキ

5 | フイリヤブラン

6 | アジュガ

［植栽の作法］

# 庭木の定番ハナミズキを中心に花木を楽しむ

　花と紅葉、実も楽しめるハナミズキは、あまり大きく生長せず、葉も茂りすぎることもないため、管理のしやすい樹木の代表でもある。

　東南から南にかけての位置に緑地を確保する（明るい北側でもよい）。緑地を左右1：3に分ける位置にハナミズキを配植し、広くあいた側に中木のモクレンの園芸種ガールマグノリアを配置する。ハナミズキもガールマグノリアもアメリカ原産で、1本立ちのハナミズキと株立ち状のマグノリアとの相性はよい。

　ハナミズキもガールマグノリアも根もとがすっきりしているので、低木や地被である程度、ボリュームが出るものを選んでもよい。低木ならばヒュウガミズキやユキヤナギ、アベリア、地被ならばアジュガ、フイリヤブランが合わせやすい。

　ハナミズキは近年、ウドンコ病の発生被害が多いので5～6月は注意する。

1　ガールマグノリア
　　H=2.0m　7,500円

2　アベリア
　　H=0.5m　540円

3　ユキヤナギ
　　H=0.5m　680円

4　ヒュウガミズキ
　　H=0.4m　570円

5　フイリヤブラン
　　10.5cmポット　340円

6　アジュガ
　　9.0cmポット　210円

## 落葉広葉樹

## ハナモモ
*Prunus persica*

高木／中木

バラ科モモ属

**別名**
—

**樹高**
3.0m

**枝張**
1.0m

**幹周**
12cm

**花期**
3—4月中旬

**熟期**
7—8月

**植栽適期**
12—3月

**樹木単価**
18,000円/本

**環境特性**
日照｜陽―中―陰
湿度｜乾―中―湿
温度｜高―中―低

**植栽可能**
北海道南部—九州

**自然分布**
なし（園芸種）

**モモ**
中国原産で古い時代に日本に入った実桃。さまざまな品種がある。食用の実を採るためには人工授粉、袋かけなどの作業が必要

**ホウキモモ**
ハナモモの園芸種。ポプラに似た細長い紡錘形の樹形をしているので、狭い場所でも植栽が可能である。別名テルテモモ

**ゲンペイモモ**
ハナモモの園芸種で、江戸時代から栽培されている。1本の木から一重と八重の花が出たり、花色が白色や桃色になったりする

[植栽の作法]
# 白色と桃色の花が咲き乱れる花木を庭とする

1 | アジサイ

2 | キリシマツツジ

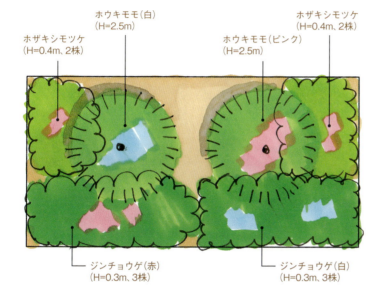

- ホザキシモツケ（H=0.4m、2株）
- ホウキモモ（白）（H=2.5m）
- ホウキモモ（ピンク）（H=2.5m）
- ホザキシモツケ（H=0.4m、2株）
- ジンチョウゲ（赤）（H=0.3m、3株）
- ジンチョウゲ（白）（H=0.3m、3株）

3 | シモツケ

4 | ホザキシモツケ

5 | ジンチョウゲ（白）

ジンチョウゲ（赤）

ハナモモは中国から渡来した樹で、江戸時代にはさまざまな品種がつくられた。ひな祭りに飾るももはこの品種。高さが5m程度で落ち着くため庭木としての利用が多い。

ハナモモは枝が横に広がるため、狭い空間しか確保できない場合は、樹形が紡錘形になる園芸品種「ホウキモモ」を用いる。

日当たりのよいところにホウキモモを植える。ホウキモモは中木程度の広がりしかないため、2本、白、桃色のように2色入れボリュームを出す。

中木や低木は小さくまとまるもので揃えると空間に広がりを感じられる。

モモの花の開花を期待するように、モモの手前には、モモの花が咲く前に花の香りの楽しめるキリシマツツジやジンチョウゲを紅白で植え、モモの花が終わってから花が咲き始めるホザキシモツケやシモツケ、アジサイを後ろに植える。

1 アジサイ H=0.4m 510円

2 キリシマツツジ H=0.4m 680円

3 シモツケ H=0.4m 570円

4 ホザキシモツケ H=0.4m 1,000円

5 ジンチョウゲ H=0.3m 740円

## ハンノキ

*Alnus japonica*

落葉広葉樹 / 高木・中木

カバノキ科ハンノキ属

**別名**
ハリノキ

**樹高**
3.0m

**枝張**
1.8m

**幹周**
10cm

**花期**
2—4月

**熟期**
10—11月

**植栽適期**
10月中旬—12月、2—4月

**樹木単価**
13,000円/本

**環境特性**
日照 陽—中—陰
湿度 乾—中—湿
温度 高—中—低

**植栽可能**
北海道—沖縄

**自然分布**
北海道—九州南部

**花（雄花序）**

雌雄同株。葉の展開前に開花。雄花序は長さ4〜7cmで柄があり、枝先に2〜5個垂れ下がって付く。雌花序は雄花序の下に1〜5個付く

**ヤハズハンノキ**

本州の中部地方、山形県〜福井県の日本海側に分布し、寒い地域の崩壊地や沢沿いに多い。葉の先端がへこんでいることが名の由来

**ヤシャブシ**

日当たりのよい山地に自生する。水湿のある場所には向かない。やせ地でも自生するため山地の緑化に使われる。実は黒色の染料に使われる

樹木別に配植プランがわかる 植栽大図鑑［改訂版］　　　　　　　　　　　　　　　　　　　　177

1｜**イヌコリヤナギ**

2｜**ドウダンツツジ**

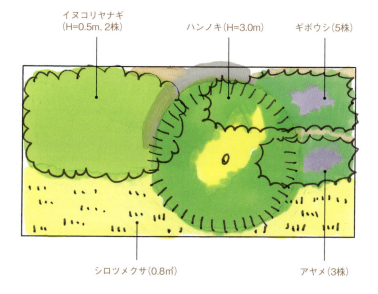

イヌコリヤナギ（H=0.5m、2株）　ハンノキ（H=3.0m）　ギボウシ（5株）

シロツメクサ（0.8㎡）　アヤメ（3株）

## ［植栽の作法］
# 水はけの悪いやせ地で選ぶ緑

　ハンノキは湿地や沼沢地に自生する樹木で、水はけの悪い土地や、埋立地や水路に囲まれた地下水位が高いような場所に植えられる数少ない樹木である。空中窒素固定能力があるため、やせ地でも生育ができる。

　同じように水はけの悪い場所でかつ、日当たりのよいところへの植栽が可能なものは、ほとんどなく、ヤナギ類くらいである。その際も植える位置を高くしたり、根が呼吸しやすい環境をつくる必要がある。

　ハンノキは、日当たりのよい緑地で1：2に分かれる位置に植える。広くあいたスペースにはイヌコリヤナギやドウダンツツジを植える。地被では、やせ地でも広く覆うことができるマメ科のシロツメクサやレンゲがよい。ところどころに球根植物のアヤメや宿根草のギボウシやミソハギを植えると季節感を演出できる。

3｜**アヤメ**

4｜**ギボウシ**

5｜**ミソハギ**

6｜**シロツメクサ**

1　イヌコリヤナギ
　　H=0.5m　1,800円

2　ドウダンツツジ
　　H=0.5m　1,200円

3　アヤメ
　　10.5cmポット　640円

4　ギボウシ
　　10.5cmポット　250円

5　ミソハギ
　　9.0cmポット　690円

6　シロツメクサ
　　1㎡あたり150円

## 落葉広葉樹

## ヒトツバタゴ

*Chionanthus retusus*

高木／中木

モクセイ科ヒトツバタゴ属

**別名**
ナンジャモンジャ、
ナンジャモンジャノキ

**樹高**
2.5m

**枝張**
0.7m

**幹周**
10cm

**花期**
5—6月

**熟期**
10月

**植栽適期**
1—3月

**樹木単価**
12,500円/本

**環境特性**
日照｜陽━中━陰
湿度｜乾━━━湿
温度｜高━━━低

**植栽可能**
東北南部—九州

**自然分布**
愛知県・岐阜県の一部、対馬

**葉**
長さ4〜10cmの長楕円形〜広卵形。若木の葉は縁に細鋸歯または重鋸歯がある。タゴとはトネリコのことで、葉が1枚なのが名の由来

**花**
雌雄異株だが、1本の樹に雌・雄の両方の花を付ける両性異株。5月、新枝の先に円錐花序を出し、花弁の細い繊細な白い花が集まって付く

**マルバチシャノキ**
「ナンジャモンジャ」という名前は、その地域で見られない珍しい樹木を指す。千葉県の天津神明宮では、マルバチシャノキがそう呼ばれる

樹木別に配植プランがわかる 植栽大図鑑［改訂版］　　　　　　　　　　　　　　　　　　179

## ［植栽の作法］
# 綿菓子のような白い花をシンボルとして

1 | バイカウツギ

2 | シロヤマブキ

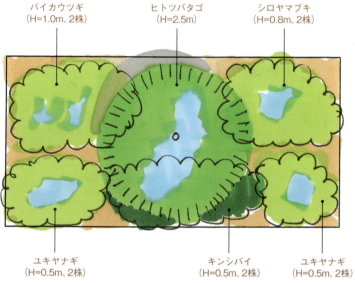

バイカウツギ（H=1.0m、2株）／ヒトツバタゴ（H=2.5m）／シロヤマブキ（H=0.8m、2株）／ユキヤナギ（H=0.5m、2株）／キンシバイ（H=0.5m、2株）／ユキヤナギ（H=0.5m、2株）

3 | キンシバイ

4 | コデマリ

5 | ムレスズメ

6 | ユキヤナギ

　ヒトツバタゴは東海以西に自生する樹木だが、性質も丈夫なため関東地方でもよく使われる。

　5月に雪がかぶったように白い花を咲かせる様は、不思議な雰囲気がある。明るい緑色をしたハート型の葉も鑑賞性が高い。

　ヒトツバタゴのおおらかな姿をいかすように日当たりのよい緑地の中心に配置する。横に広がるように枝を伸ばすので、中木には枝先にあまりボリュームが出ず、ヒトツバタゴと同じ時期に白い花を咲かせるバイカウツギやシロヤマブキを左右対称に植える。

　低木はやわらかなイメージをもつユキヤナギやコデマリ、黄色い花を付けるキンシバイやムレスズメを手前に添えて、白い花木の庭のアクセントとする。

1 バイカウツギ　H=1.0m　1,800円

2 シロヤマブキ　H=0.8m　1,200円

3 キンシバイ　H=0.5m　740円

4 コデマリ　H=0.5m　640円

5 ムレスズメ　H=0.5m　800円

6 ユキヤナギ　H=0.5m　680円

落葉広葉樹

## ヒメシャラ
*Stewartia monadelpha*

高木―中木

ツバキ科ナツツバキ属

**別名**
ヤマチャ、アカラギ、サルタノキ、コナツツバキ

**樹高**
2.5m

**枝張**
0.5m

**幹周**
株立ち

**花期**
6―7月

**熟期**
10月

**植栽適期**
12―3月

**樹木単価**
8,100円/本

**環境特性**
日照 陽―中―陰
湿度 乾―湿
温度 高―低

**植栽可能**
関東―九州

**自然分布**
本州(神奈川県箱根―近畿地方)、四国、九州(屋久島まで)

**花**
6～7月に、葉の付け根に直径2cmほどの白花を下向きに付ける。花弁は5枚で裏面にやわらかい毛が生えている。ナツツバキより小さい

**幹肌**
樹皮は淡い赤褐色でなめらか。老木になると薄くはがれ、その跡が斑紋になり、鑑賞性が高い。別名の「アカラギ」はこの様が由来

**ナツツバキ**
別名シャラノキ。ヒメシャラよりも生育範囲が広くて、入手しやすい。茶室にもよく合い、切り花としても使われる(162頁参照)

[植栽の作法]
# 日陰の庭や中庭でつくるさらりとした緑

1 | セイヨウシャクナゲ

2 | ヒカゲツツジ

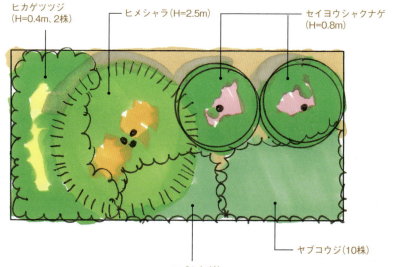

ヒカゲツツジ（H=0.4m、2株）
ヒメシャラ（H=2.5m）
セイヨウシャクナゲ（H=0.8m）
ツワブキ（4株）
ヤブコウジ（10株）

3 | ヤマアジサイ

4 | ヤマブキ

5 | ツワブキ

6 | ヤブコウジ

ヒメシャラはさらっとした印象の庭にしたいときによく使われる落葉広葉樹。和洋問わず合わせやすい。ナツツバキ（シャラノキともいう）と非常によく似ているが、ヒメシャラのほうが葉も花も小ぶりである。

ヒメシャラもナツツバキと同様、朝日のような優しい日差しを好み、西日を嫌う。日陰になるところや、中庭への植栽が適した樹木である。

中央をやや外した位置に、3～5本立ちくらいの株立ちのヒメシャラを植える。株立ちはそれだけで形がまとまる。

なにか合わせる場合は、根もとが見えるものを検討する。西洋シャクナゲを大きくあいた側に植栽し、低木には日陰でも育つヒカゲツツジやヤマブキ、ヤマアジサイを入れる。地被にはツワブキやヤブコウジを不規則に並べながら、手前を覆うように植える。

1 セイヨウシャクナゲ
H=0.8m　4,600円

2 ヒカゲツツジ
H=0.4m　3,000円

3 ヤマアジサイ
H=0.4m　750円

4 ヤマブキ
H=0.4m　460円

5 ツワブキ
10.5cmポット　280円

6 ヤブコウジ
9.0cmポット　240円

落葉広葉樹

高木 — 中木

## ブナ
*Fagus crenata*

ブナ科ブナ属

**別名**
ブナノキ、シロブナ、ソバグリ

**樹高**
2.5m

**枝張**
0.7m

**幹周**
—

**花期**
5月

**熟期**
10月

**植栽適期**
10—11月、2—3月

**樹木単価**
8,100円/本

**環境特性**
日照｜陽—中—陰
湿度｜乾—中—湿
温度｜高—中—低

**植栽可能**
北海道南部—九州
（暖地を除く）

**自然分布**
北海道南部—九州
（暖地を除く）

**葉**
葉身は長さ4〜9cmの広卵形または菱状楕円形でやや厚い洋紙質。ときどき左右が不同。多雪地帯では北に行けば行くほど葉が大きくなる

**幹肌**
灰白色できめが細かく、なめらか。自然木では地衣類が着生し、多様な斑紋を呈することが多い。樹皮を染料に用いることもある

**イヌブナ**
本州から九州まで分布。ブナより材質が劣るため名前に「イヌ」とつけられている。葉質はやや薄く、若葉は表裏の両面に毛がある

[植栽の作法]
## ヨーロッパの公園をイメージし風景をつくる

1 | ケンタッキーブルーグラス

2 | ペレニアルライグラス

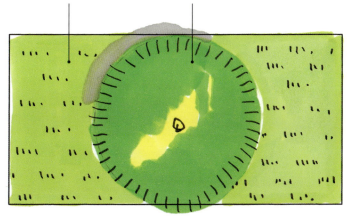

ケンタッキーブルーグラス(1.8㎡)　ブナ(H=2.5m)

**ヨーロッパの公園樹**

ヨーロッパシラカバ

ムラサキブナ

　ブナは温帯地方を代表する落葉広葉樹である。イギリスやフランスの公園では、ヨーロッパブナや、ヨーロッパブナの園芸種で葉が赤いムラサキブナや、枝垂れるシダレブナが造園樹としてよく使われることから、イングリッシュガーデンやヨーロッパをイメージした庭をつくる際に必ず選びたい樹木である。

　ただし、ブナはやや冷涼地域を好むため、都市部のように酷暑となる場所では育ちにくい。また、水を好むため、乾燥する場所を避けるなど、植栽地の環境の見極めが重要となる。

　ブナは大きく育つ樹木であるため、広いスペースを確保できる場所に植えることが望ましい。大きく育てるために中木は添えず日当たりのよい緑地の中央に配置し、周辺にシバなどの地被を植える程度におさえる。

　ブナと同じく冷涼な地域に強いシバであるケンタッキーブルーグラスやペレニアルライグラスなどの西洋シバがよい。

1　ケンタッキーブルーグラス
　1kgあたり1,500円
　(40～50㎡分)

2　ペレニアルライグラス
　1kgあたり4,200円
　(40～50㎡分)

## 落葉広葉樹

## マユミ
*Euonymus sieboldianus*

高木 — 中木

ニシキギ科ニシキギ属

**別名**
ヤマニシシギ、オトコマユミ、カワラマユミ

**樹高**
2.0m

**枝張**
0.8m

**幹周**
—

**花期**
5—7月中旬

**熟期**
11—12月中旬

**植栽適期**
12—3月

**樹木単価**
8,500円/本

**環境特性**
日照　陽—中—陰
湿度　乾—中—湿
温度　高—中—低

**植栽可能**
北海道—九州

**自然分布**
北海道—九州

**実**
蒴果。直径1cmほどの倒三角形で4個の稜があり、10〜11月に淡紅色に熟す。熟すと4裂し、橙赤色の仮種皮に包まれた種子が顔を出す

**コマユミ**
ニシキギ科ニシキギ属。山地に生える落葉低木。「小型のマユミ」が和名の由来。ニシキギに近く、異変種で、枝にコルク質の翼がない

**ヒロハツリバナ**
ニシキギ科ニシキギ属。北海道〜四国のやや標高の高い山地の樹林内に自生する。マユミのように垂れる実に翼が4個あるのが特徴

樹木別に配植プランがわかる 植栽大図鑑 [改訂版]

## [植栽の作法]
# 赤い実が映える秋の景色をつくる

1 | ウメモドキ

2 | オトコヨウゾメ

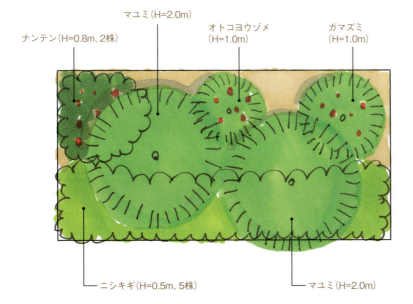

ナンテン(H=0.8m、2株)　マユミ(H=2.0m)　オトコヨウゾメ(H=1.0m)　ガマズミ(H=1.0m)

ニシキギ(H=0.5m、5株)　マユミ(H=2.0m)

　マユミは秋に紅色の実を多数付ける様が面白い。いろいろな樹木が赤い実を付ける庭は、まさに秋の風景である。
　野趣のある樹形で、まっすぐに伸びずやや乱れるため、きちっとした印象の緑地は似合わない。また、背面がないとあまりにも雑多な感じになるため、塀や生垣などで背景をしっかりつくるほうがよい。
　マユミは1本で見せるよりは、数本合わせたほうが落ち着く。横に乱れるため、合わせる樹種は印象的な赤い実が付くものを低木から選ぶ。
　マユミを2本やや中央を外して配置し、空いた側にはガマズミ、マユミの手前にはニシキギやユスラウメ、後ろにはオトコヨウゾメやウメモドキをそれぞれ入れる。地被には常緑のコトネアスターを使い、冬期にも緑があるようにする。

3 | ガマズミ

4 | ニシキギ

5 | ユスラウメ

6 | コトネアスター

1　ウメモドキ　H=1.0m　1,800円
2　オトコヨウゾメ　H=1.0m　1,800円
3　ガマズミ　H=1.0m　1,200円
4　ニシキギ　H=0.5m　800円
5　ユスラウメ　H=0.5m　1,200円
6　コトネアスター　10.5cmポット　230円

## 落葉広葉樹

# マンサク

*Hamamelis japonica*

高木／中木

**マンサク科マンサク属**

| | |
|---|---|
| 別名 | ネソ |
| 樹高 | 2.5m |
| 枝張 | 0.8m |
| 幹周 | ― |
| 花期 | 2―3月 |
| 熟期 | 10―11月 |
| 植栽適期 | 10―11月、2―3月 |
| 樹木単価 | 8,700円/本 |

**環境特性**
- 日照｜陽―中―陰
- 湿度｜乾―中―湿
- 温度｜高―中―低

| | |
|---|---|
| 植栽可能 | 北海道南部―九州 |
| 自然分布 | 北海道南部―九州 |

**葉（黄葉）**

緑色の葉が互生し、葉質は厚い。葉身は長さ4～12cmの菱形状円形～広倒卵形。先端は尖り、基部は左右不対称。縁は波状の鋸歯が目立つ

**花**

3～4月、葉が展開する前に1個または数個のひも状の黄い花を葉の付け根に咲かせる。花弁は4枚で、線形をし、長さは約2cm

**ベニバナトキワマンサク（生垣）**

常緑樹で、近年では生垣によく用いられる。花期の5月には生垣全体を覆うように花が咲く。赤葉種のものと、淡緑色のものがある

[植栽の作法]
## 早春に咲く黄花をいかすバランスで配植

1 | トキワマンサク

2 | ベニバナトキワマンサク

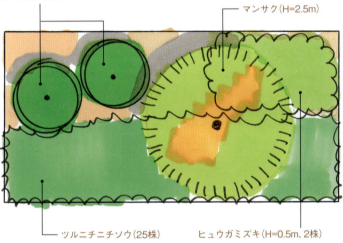

トキワマンサクまたはベニバナトキワマンサク（H=1.2m、2株）

マンサク（H=2.5m）

ツルニチニチソウ（25株）

ヒュウガミズキ（H=0.5m、2株）

3 | ヒュウガミズキ

4 | ツルニチニチソウ

5 | アジュガ

6 | ディコンドラ

マンサクは早春、2月ごろに細長く、ひも状の縮れた花弁が特徴的な黄色い花を咲かせる。この時期は花が少ないため目立つ花木である。

マンサクはあまり大きくならないがヤブ状に広がるように伸びるため、広い植栽スペースが必要となる。日当たりのよい場所に緑地を確保し、1:2程度に分かれる位置にマンサクを植栽する。

中木や低木と多く合わせるとうるさくなりすぎる。マンサクを際立たせるために広くあいた側に印象が似ているトキワマンサクを2本並べて植えるだけにとどめる。

マンサクもトキワマンサクも下枝が分岐するため、それと干渉しないように、低木ならば低くまとまるヒュウガミズキ、地被ならばディコンドラやアジュガ、ツルニチニチソウを合わせる。

1 トキワマンサク
H=1.2m 4,000円

2 ベニバナトキワマンサク
H=1.2m 3,000円

3 ヒュウガミズキ
H=0.5m 740円

4 ツルニチニチソウ
9.0cmポット 230円

5 アジュガ
9.0cmポット 210円

6 ディコンドラ
1kgあたり9,450円
（60〜100m²分）

落葉広葉樹

## ミズキ
*Cornus controversa*

高木―中木

ミズキ科サンシュユ属

**別名**
クルマミズキ

**樹高**
2.5m

**枝張**
1.0m

**幹周**
—

**花期**
5—6月

**熟期**
6—10月

**植栽適期**
12—2月

**樹木単価**
12,000円/本

**環境特性**
日照│陽─中──陰
湿度│乾───湿
温度│高───低

**植栽可能**
北海道—九州

**自然分布**
北海道—九州

**花**
5〜6月に、枝先に散房花序を出し、小さな白い花を密に付ける。花弁は4枚、長さ5〜6mmの長楕円形をしており、平開する

**実**
核果。直径6〜7mmの球形で、6〜10月に赤色から紫黒色に熟す。果実が熟すころには花序の枝も赤くなる。鳥が好んで食す

**ハナミズキ**
アメリカ原産で明治時代に日本に入った。大木にはならないため庭木に向いているが、乾燥と強い日差し、暑さに弱い(172頁参照)

[植栽の作法]
# 野山に自生する花木でつくる雑木の庭

1 | ノリウツギ

2 | ヤマアジサイ

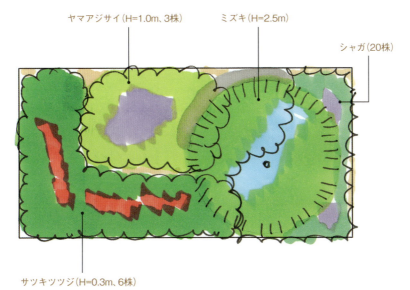

ヤマアジサイ(H=1.0m、3株)　ミズキ(H=2.5m)　シャガ(20株)

サツキツツジ(H=0.3m、6株)

3 | マルバウツギ

4 | サツキツツジ

5 | アマドコロ

6 | シャガ

ミズキは街路樹によく使われるハナミズキの仲間だが、ハナミズキと異なり花びらがなく花に派手さがないが、白い小花が手鞠状に咲く様は味があり、葉も丸みのあるつややかな緑色で楽しめる。雑木風の庭に向く樹である。

東向きの緑地を1:2くらいに分ける位置にミズキを配置する。大きくあいた側には花木のヤマアジサイやノリウツギを植え、その足もと手前には低木のサツキツツジやマルバウツギを植える。ミズキは5月頃に花が咲き、その後に続いてヤマアジサイの花が咲くため、長く花を楽しめる。反対側は地被のシャガやアマドコロで締める。サツキツツジは本来は渓流沿いの岩肌等に生える水の好きな樹木であり、シャガも渓流沿いの斜面や水際に出る宿根草である。

1　ノリウツギ
　　H=1.0m　1,500円

2　ヤマアジサイ
　　H=1.0m　2,700円

3　マルバウツギ
　　H=0.5m　800円

4　サツキツツジ
　　H=0.3m　680円

5　アマドコロ
　　10.5cmポット　800円

6　シャガ
　　10.5cmポット　250円

## ヤブデマリ

*Viburnum plicatum var. tomentosum*

落葉広葉樹 / 高木 / 中木

スイカズラ科ガマズミ属

**別名**
ヤマデマリ、コチョウジュ

**樹高**
1.8m

**枝張**
0.8m

**幹周**
—

**花期**
5—6月

**熟期**
8—10月

**植栽適期**
3月中旬—4月

**樹木単価**
7,500円/本

**環境特性**
日照｜陽――中――陰
湿度｜乾――――湿
温度｜高――――低

**植栽可能**
東北—九州

**自然分布**
本州(太平洋側)、四国、九州

**オオデマリ**

日本では古くから栽培されている園芸種で、切り花にも利用される。枝先にアジサイに似た花を多数集まって付ける。ヤブデマリより派手な印象

**ヤブデマリ'ピンクビューティー'**

ヤブデマリの園芸種。花の咲き始めは白く、徐々にピンクに変化する。花付きがよいため、庭木に向いている。東北〜九州まで植栽可能

**ムシカリ**

スイカズラ科ガマズミ属、別名オオカメノキ。主に自然風の庭に用いられ、高木の前付けや根締めに使われる。冷涼な気候を好む

1 | ヤマブキ

2 | ヤマアジサイ

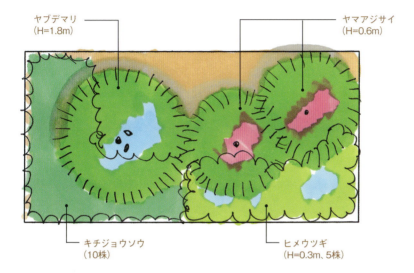

3 | コゴメウツギ

4 | ヒメウツギ

5 | キチジョウソウ

6 | シャガ

## ［植栽の作法］
# しっとりとした白い花のコーナー

ヤブデマリは山野の川沿いに出現する落葉広葉樹。5～6月にアジサイのような白い可愛らしい花を楽しめる花木である。花が終わると赤い実を付けるため、実も楽しめる。

ヤブデマリは、その名のとおりヤブ状に樹形が広がり、樹高はあまり高くならない。西日や乾燥を嫌うため、西日が当たらない、東から南にかけての緑地が適地である。

緑地の1：2くらいの位置にヤブデマリを配置する。広くあいた側には、低木のヤマアジサイやヤマブキ、コゴメウツギ、ヒメウツギを植え、ヤブデマリの周りはキチジョウソウで締める。

ヤブデマリに似た花をもち、葉が大きいムシカリでも同じような使い方ができるが、ヤブデマリと比べて暑いところが苦手なため、冷涼な地域でのみ利用する。

オオデマリを使う場合はヤブデマリより樹形が小型なので2株合わせたほうがよい。

1 ヤマブキ
　H=0.8m　850円

2 ヤマアジサイ
　H=0.6m　1,050円

3 コゴメウツギ
　H=0.5m　1,500円

4 ヒメウツギ
　H=0.3m　900円

5 キチジョウソウ
　10.5cmポット　250円

6 シャガ
　10.5cmポット　250円

## ヤマボウシ

*Benthamidia japonica*

落葉広葉樹 / 高木—中木

**ミズキ科ヤマボウシ属**

**別名**
ヤマグワ

**樹高**
3.0m

**枝張**
1.0m

**幹周**
株立ち

**花期**
5—7月

**熟期**
9—10月

**植栽適期**
2—3月

**樹木単価**
16,500 /本

**環境特性**
日照 | 陽―中―陰
湿度 | 乾――湿
温度 | 高――低

**植栽可能**
北海道南部—沖縄

**自然分布**
東北南部—九州
（屋久島まで）

**花**
5〜7月にかけて開花する。ハナミズキに似た花で白色の花弁に見えるのは総苞片。総苞片の中心には淡黄緑色の小さな花が密集して咲く

**実**
球状の集合果で、直径は1〜1.5cm。9〜10月に赤く熟す。果実は粘核性で甘みがあり、食べられる。小型で乳白色をした種子が1果に8粒入っている

**ガビサンヤマボウシ**
ミズキ科サンシュユ属。ヤマボウシの仲間で常緑。ヤマボウシよりやや小形の葉で枝葉が密に付く。冬には寒さで葉が赤く変化する

## [植栽の作法]
## 落ち着いた白花が咲く野山の風情を演出

1 | シロヤマブキ

2 | アベリア

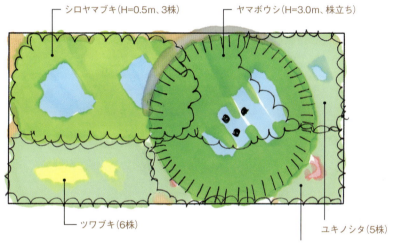

シロヤマブキ(H=0.5m、3株)
ヤマボウシ(H=3.0m、株立ち)
ツワブキ(6株)
クリスマスローズ(8株)
ユキノシタ(5株)

3 | ビヨウヤナギ

4 | クリスマスローズ

5 | ツワブキ

6 | ユキノシタ

　ヤマボウシは野山に見られる落葉広葉樹で、ハナミズキに非常によく似た花を付ける(ハナミズキの別名は「アメリカヤマボウシ」)。ハナミズキ同様、あまり大きくならないため、庭木に向いている。ハナミズキは4月、葉が出る前に花が咲くため華やかな印象を与えるが、ヤマボウシは5月に葉が出たあとに花を咲かせるため、落ち着いた雰囲気となる。

　ヤマボウシは西日を嫌うため東から南方向の緑地に植える。緑地を1：2程度に分けたところに株立ちのヤマボウシを配置する。広くあいた側にはシロヤマブキやビヨウヤナギ、アベリアを植える。

　株立ちは根もとも鑑賞の対象となるので、あまり隠さないようにツワブキやユキノシタ、クリスマスローズなどの地被類で覆う程度にとどめる。

1 シロヤマブキ
H=0.8m　1,200円

2 アベリア
H=0.8m　1,100円

3 ビヨウヤナギ
H=0.5m　1,100円

4 クリスマスローズ
10.5cmポット　1,300円

5 ツワブキ
10.5cmポット　280円

6 ユキノシタ
9.0cmポット　250円

## リョウブ

*Clethra barbinervis*

落葉広葉樹 / 高木—中木

**リョウブ科リョウブ属**

**別名**
ハタツモリ

**樹高**
3.0m

**枝張**
1.0m

**幹周**
株立ち

**花期**
6—8月

**熟期**
10—11月

**植栽適期**
2—3月

**樹木単価**
11,500円/本

**環境特性**
日照 | 陽 — 中 — 陰
湿度 | 乾 — 中 — 湿
温度 | 高 — 中 — 低

**植栽可能**
北海道南部—九州

**自然分布**
北海道南部—九州

**花**
花期は6〜8月で、枝先から長さ6〜15cmの総状花序を出し、白い花を多数付ける。花のあとに付く蒴果は0.4〜0.5mmの球形で茶色になる

**樹皮**
樹皮は茶褐色〜暗褐色でナツツバキに似た斑点模様のなめらかな独特な風情がある。床材にも使われる。老木になると薄皮がはがれ落ちる

**アメリカリョウブ'ハミングバード'**
北アメリカ原産の園芸種。密でコンパクトな樹冠をもち、香りのよい白い花が穂状に集まって咲く。リョウブより樹高が低くまとまる

1 | バイカウツギ

2 | カシワバアジサイ

## [植栽の作法]
# 穂状の花を集めて緑地をつくる

　リョウブは、山の日当たりのよい尾根筋やその周辺に自生する、やや小ぶりの落葉広葉樹である。根もとから枝分かれして、やや大きな長い葉が集まって広がる。花は穂状に白い小花が付く。あまり樹高が高くならないので、住宅の庭木に向いている。日当たりを好むが、よすぎる場所は不向きで、適度な湿度がある場所を選ぶ。

　東南側から南側の緑地の、1:2程度に分かれる位置にリョウブを植える。リョウブは放射状に枝を広げるため、周囲の植栽密度はあまり上げず、広くあいた側にはカシワバアジサイやバイカウツギ、トキワマンサクを配置する程度にとどめる。

　低木はホザキシモツケを手前に配置し、前は地被のアジュガやキチジョウソウでさらりとおさめる。

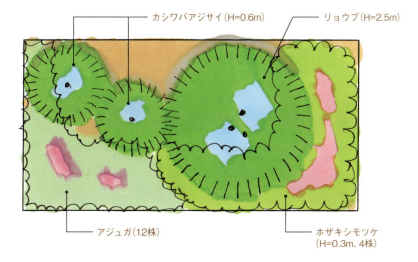

カシワバアジサイ（H=0.6m）　リョウブ（H=2.5m）
アジュガ（12株）　ホザキシモツケ（H=0.3m、4株）

3 | トキワマンサク

4 | ホザキシモツケ

5 | キチジョウソウ

6 | アジュガ

1　バイカウツギ
　H=0.8m　1,500円

2　カシワバアジサイ
　H=0.6m　2,000円

3　トキワマンサク
　H=0.6m　1,500円

4　ホザキシモツケ
　H=0.3m　900円

5　キチジョウソウ
　10.5cmポット　250円

6　アジュガ
　9.0cmポット　210円

## 特殊樹木

## タケ類

Phyllostachys edulis

高木 — 中木

モウソウチク

イネ科マダケ属

**別名**
—

**樹高**
3.5m

**枝張**
—

**幹周**
—

**花期**
—

**熟期**
—

**植栽適期**
3—4月

**樹木単価**
9,200円/本

**環境特性**
日照｜陽——中——陰
湿度｜乾——中——湿
温度｜高——中——低

**植栽可能**
北海道南部—九州

**自然分布**
中国原産

**クロチク**

マダケ属。樹高2〜3mの中型のタケ類。稈が黒く、観賞性が高い。ハタキの柄などに使われる。きれいな黒色になるためには半日陰の環境が必要

**シホウチク**

カンチク属。シカクダケともいう。樹高10〜12m。稈が四角くなるのが特徴。節にとげ状の突起がある。筍は秋に出て食用になる

**キンメイチク**

マダケ属。樹高10〜12m。稈が金色に輝くような黄色になるのが特徴。材になると派手で明るい。一年目の稈が一番瑞々しく美しい

1 | オカメザサ

2 | コグマザサ

## [植栽の作法]
# 鑑賞ポイントで決めるタケの種類

タケ類には、モウソウチクやマダケなどのように高さが7mを超える大型のものと、クロチクやホウライチクなどの高さ3m前後の中型のものとがある。2階から鑑賞したいときは、大型のものを、1階から楽しみたいときには中型のものを選ぶとよい。ただし、稈を楽しむならば1階でも大型のものを選ぶ。

タケは通常、単独で植え、低木や地被を植える代わりに砂利やチップ、タケの葉を敷く程度で根もとを締める。どうしても地被を入れるのならば、コグマザサやオカメザサなど、雰囲気の似たものを選ぶ。

タケを植栽する際に注意したいのが、日当たりである。稈部分は日が強く当たることを嫌い、頭部は逆に日当たりを好む。中庭ならば、このような環境に合致しやすい。ただし、タケは乾燥を嫌うため、中庭ならば保水性が保たれるよう注意が必要である。

タケ類は群で考えると寿命は長いが、1本1本を見ると寿命は7年くらいである。次の稈がどこから出てくるかはコントロールできないため、細長い、生垣のような植え方は難しい。

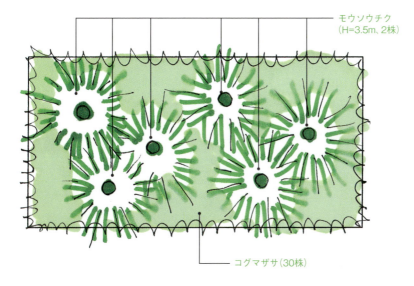

モウソウチク（H=3.5m、2株）
コグマザサ（30株）

## そのほかのタケ類

マダケ

キッコウチク

ダイミョウチク

ホテイチク

1 オカメザサ
12.0cmポット 250円

2 コグマザサ
10.5cmポット 200円

## 特殊樹木

# ヤシ類

*Phoenix canariensis*

高木―中木

カナリーヤシ

ヤシ科ナツメヤシ属

**別名**
フェニックス

**幹高**
2.5m

**枝張**
―

**幹周**
―

**花期**
5―6月中旬

**熟期**
9―10月

**植栽適期**
4月中旬―7月上旬

**樹木単価**
470,000円/本

**環境特性**
日照 陽―中―陰
湿度 乾―中―湿
温度 高―中―低

**植栽可能**
南関東―沖縄

**自然分布**
カナリー諸島原産

**ワシントンヤシモドキ**

アメリカ、メキシコ原産のヤシ。手のひら型の葉をもち、耐寒性がある。ワシントンヤシとして、庭園樹、公園樹として暖地によく植栽されている

**シュロ**

東北南部以南の本州〜九州に分布。日陰に強く、耐潮性、耐煙性に優れる。鳥等によって種子が分散し、雑草のように緑地内に生える

**ソテツ**

九州南部、沖縄に自生する。桂離宮など、古くから日本の庭園で利用されてきた。冬期の寒さをしのぐためのこも巻は冬の風物詩

1 | コウライシバ

2 | セントオーガスチン

## [植栽の作法]
# ヤシ類でつくるトロピカルな庭

　南国のイメージが強いヤシ類だが、耐寒性のあるものを選べば暖地でも植栽が可能である。カナリーヤシと、ワシントンヤシモドキが代表的な樹種で、これらは日当たりを好み、耐潮性も高いため海岸付近でも植栽できる。このほかには、九州南部〜沖縄にかけて自生するソテツが古くから庭木として利用されてきた。先の2つに比べて耐寒性があり、やや日陰のところでも植栽可能である。

　ヤシ類は幹が太くなり、葉も広がるため、狭い庭では植栽できない。下部は低木で覆うとバランスが悪くなるので、地被程度でおさえる。カナリーヤシやワシントンヤシモドキならば、足もとは日当たりがよく乾燥しやすいため、シバ類がよい。本州ならばコウライシバやノシバ、沖縄ではセントオーガスチンが適している。やや日陰ならばソテツを選び、足もとはタマリュウ、ヤブラン、コグマザサなどで締める。

コウライシバ（1.8㎡）
カナリーヤシ（H＝2.5m）

3 | ノシバ

4 | コグマザサ

5 | ヤブラン

6 | タマリュウ

1 コウライシバ　1㎡あたり　500円

2 セントオーガスチン　1㎡あたり　1,500円

3 ノシバ　1㎡あたり　500円

4 コグマザサ　10.5cmポット　200円

5 ヤブラン　10.5mポット　230円

6 タマリュウ　7.5cmポット　130円

# 樹種索引

Tree species index

## ア

| | |
|---|---|
| アカマツ | 014 |
| アオキ | 017,041,047,055,095 |
| アオギリ | 108 |
| アオダモ | 060 |
| アカエゾマツ | 028 |
| アカシデ | 098 |
| アカバメギ | 075 |
| アカンサス | 055 |
| アキグミ | 069,072,119 |
| アキニレ | 100 |
| アジサイ | 079,085,175 |
| アジュガ | 075,115,173,187,195 |
| アズキナシ | 102 |
| アスナロ | 016,097 |
| アズマシャクナゲ | 091 |
| アセビ | 041,091,115 |
| アップルミント | 039 |
| アベリア | 043,057,063,085,111,113,151,167,173,193 |
| アベリア'ホープレイス' | 025 |
| アベリア'エドワードゴーチャ' | 145 |
| アマドコロ | 189 |
| アメリカザイフリボク | 104 |
| アメリカデイゴ | 106 |
| アメリカハナズオウ | 170 |
| アメリカリョウブ'ハミングバード' | 194 |
| アヤメ | 177 |
| アラカシ | 058 |

## イ

| | |
|---|---|
| イイギリ | 108,130 |
| イスノキ | 034 |
| イタヤカエデ | 120 |
| イチイ | 018 |
| イチイガシ | 058 |
| イチョウ | 096 |
| イッサイサルスベリ | 037,079 |
| イヌエンジュ | 110 |
| イヌコリヤナギ | 150,177 |
| イヌシデ | 098 |
| イヌツゲ | 031,034,081 |
| イヌビワ | 072 |
| イヌブナ | 182 |
| イヌマキ | 020 |
| イボタノキ | 112 |
| イロハモミジ | 120 |

## ウ

| | |
|---|---|
| ウグイスカグラ | 069,099,133 |
| ウスギモクセイ | 042 |
| ウバメガシ | 036,081 |
| ウメ | 114 |
| ウメモドキ | 109,165,185 |
| ウラジロガシ | 058 |
| ウラジロモミ | 028 |
| ウンナンオウバイ | 111,149 |

## エ

| | |
|---|---|
| エゴノキ | 116 |
| エニシダ | 149 |
| エノキ | 134 |
| エンジュ | 110 |

## オ

| | |
|---|---|
| オオツリバナ | 156 |
| オオデマリ | 077,163,190 |
| オオバボダイジュ | 152 |
| オオムラサキツツジ | 067,081,159,171 |
| オカメザサ | 157,197 |
| オジギソウ | 166 |
| オタフクナンテン | 045,053,075,131,145 |
| オトコヨウゾメ | 047,093,137,169,185 |
| オトメツバキ | 031 |
| オニグルミ | 118 |
| オリーブ | 038,082 |

## カ

| | |
|---|---|
| ガールマグノリア | 079,173 |
| ガールマグノリア'ジュディ' | 140 |
| ガールマグノリア'スーザン' | 141 |
| カイヅカイブキ | 022 |
| カイヅカイブキトルネード | 023 |
| カイドウ | 168 |
| カキノキ | 122 |
| ガクアジサイ | 061,087 |
| カクレミノ | 040 |
| カシワ | 124 |
| カシワバアジサイ | 117,123,195 |
| カツラ | 126 |
| カナリーヤシ | 198 |
| ガビサンヤマボウシ | 192 |
| ガマズミ | 047,085,093,099,109,137,163,185 |
| カラタネオガタマ | 141 |
| カリン | 128 |
| カルミア | 077 |
| カンツバキ | 053,063,079 |

## キ

| | |
|---|---|
| キチジョウソウ | 017,033,065,127,137,139,147,161,191,195,197 |
| キッコウチク | 197 |
| キハギ | 121,139 |
| キブシ | 103,133 |
| ギボウシ | 129,163,177 |
| キャラボク | 015,018,021,027 |
| キョウチクトウ | 159 |
| キリ | 130 |
| キリシマツツジ | 083,175 |
| キンカン | 068,083 |
| キンシバイ | 057,105,149,161,167,179 |

| | | |
|---|---|---|
| キンメイチク | 196 | |
| キンモクセイ | 042,081 | |
| ギンモクセイ | 042 | |

**ク**

| | | |
|---|---|---|
| クコ | 033 | |
| クサツゲ | 035 | |
| クサボケ | 093,115,119 | |
| クスノキ | 044 | |
| クチナシ | 063 | |
| クヌギ | 132 | |
| クマザサ | 033,049,091,095,131,133,155,157 | |
| クマシデ | 098 | |
| グミギルドエッジ | 037 | |
| クリスマスローズ | 029,115,129,141,193 | |
| クリーピングタイム | 039 | |
| クルメツツジ | 021 | |
| クロガネモチ | 046 | |
| クロチク | 196 | |
| クロベ | 016 | |
| クロマツ | 014 | |
| クロモジ | 049 | |

**ケ**

| | |
|---|---|
| ゲッケイジュ | 048 |
| ケヤキ | 134 |
| ケンタッキーブルーグラス | 155,183 |
| ゲンペイモモ | 174 |

**コ**

| | |
|---|---|
| コウヤマキ | 020 |
| コウライシバ | 151,199 |
| コグマザサ | 017,027,099,117,197,199 |
| コゴメウツギ | 133,147,191 |
| コデマリ | 077,129,141,179 |
| コトネアスター | 037,047,097,113,135,169,185 |
| コナラ | 136 |
| コノテガシワ | 024 |
| コノテガシワ'エレガンティシマ' | 024 |
| コハウチワカエデ | 120 |
| コバノトネリコ | 138 |
| コブシ | 140 |
| コマユミ | 184 |
| ゴヨウマツ | 014 |

**サ**

| | |
|---|---|
| サイフリボク | 104 |
| サカキ | 050,125 |
| サザンカ | 052,081 |
| サツキツツジ | 015,019,027,035,135,169,189 |
| サツキツツジ'オオサカズキ' | 123 |
| サトザクラ'カンザン' | 142 |
| サルココッカ | 059 |
| サルスベリ | 144 |
| サワグルミ | 118 |

| | |
|---|---|
| サワシバ | 098 |
| サワフタギ | 146 |
| サワラ | 030 |
| サンゴジュ | 054,089 |
| サンゴミズキ | 131 |
| サンシュユ | 148 |
| サンショウ | 049,131 |

**シ**

| | |
|---|---|
| シコンノボタン | 111,171 |
| シダレエンジュ | 110 |
| シダレカツラ | 126 |
| シダレザクラ | 142 |
| シダレヤナギ | 150 |
| シナノキ | 152 |
| シナレンギョウ | 057,129,197 |
| シホウチク | 196 |
| シマサルスベリ | 144 |
| シマトネリコ | 056,138 |
| シモクレン | 079,127,140 |
| シモツケ | 033,057,113,139,145,175 |
| シャガ | 103,189,191 |
| シャリンバイ | 037,059,061,067,081,084,107,159 |
| シュウメイギク | 053 |
| ジュニペルス'ブルーカーペット' | 123 |
| シュロ | 198 |
| シラカシ | 058 |
| シラカンバ | 154 |
| シラン | 171 |
| シルバープリベット | 025,112 |
| シロダモ | 060 |
| シロツメクサ | 177 |
| シロヤマブキ | 077,111,127,147,179,193 |
| ジンチョウゲ | 015,041,043,065,115,167,175 |

**ス**

| | |
|---|---|
| スギ | 026 |
| スダジイ | 062 |
| ズミ | 168 |
| スモークツリー | 025,083 |

**セ**

| | |
|---|---|
| セイヨウイチイ | 018 |
| セイヨウイワナンテン | 045 |
| セイヨウカナメモチ | 074 |
| セイヨウシナノキ | 152 |
| セイヨウシャクナゲ | 091,135,157,181 |
| セイヨウトチノキ | 160 |
| セイヨウニンジンボク | 171 |
| セイヨウノコギリソウ | 039 |
| セイヨウバクチノキ | 095 |
| セイヨウハルニレ | 100 |
| セイヨウヒイラギ | 070 |
| セントオーガスチン | 199 |

| | |
|---|---|
| センリョウ | 015,029,047,051,109,125 |

**ソ**

| | |
|---|---|
| ソテツ | 198 |
| ソメイヨシノ | 142 |
| ソヨゴ | 064,109 |

**タ**

| | |
|---|---|
| タイサンボク | 076 |
| ダイスギ | 026 |
| ダイミョウチク | 197 |
| タイム | 039 |
| タギョウショウ | 014 |
| ダケカンバ | 154 |
| タブノキ | 066 |
| タマリュウ | 017,019,021,023,027,045,059,199 |
| ダンコウバイ | 153 |

**チ**

| | |
|---|---|
| チャイニーズホーリー | 029,109 |
| チャノキ | 049,065 |
| チャボヒバ | 030 |
| チリメンカエデ | 121 |

**ツ**

| | |
|---|---|
| ツゲ | 034 |
| ツバキ'シラタマ' | 077 |
| ツブラジイ | 062 |
| ツリバナ | 156 |
| ツルニチニチソウ | 031,105,187 |
| ツワブキ | 053,061,089,125,145,181,193 |

**テ**

| | |
|---|---|
| デイゴ | 106 |
| ディコンドラ | 019,023,025,027,031,045,129,151,187 |

**ト**

| | |
|---|---|
| ドイツトウヒ | 028 |
| トウカエデ | 158 |
| トウカエデ'ハナチルサト' | 158 |
| ドウダンツツジ | 021,053,075,083,123,177 |
| トウヒ | 028 |
| トキワマンサク | 187,195 |
| トチノキ | 160 |
| トネリコ | 138 |
| トベラ | 037,045,055,061,067,101,107,125,159 |

**ナ**

| | |
|---|---|
| ナギイカダ | 071 |
| ナツグミ | 069,119 |
| ナツツバキ | 162,180 |
| ナツミカン | 068,095 |
| ナナカマド | 164 |
| ナワシログミ | 069,073,119 |
| ナンテン | 051,087 |

**ニ**

| | |
|---|---|
| ニオイヒバヨーロッパゴールド | 097 |

| | |
|---|---|
| ニシキギ | 053,121,123,165,185 |
| ニッケイ | 088 |
| ニホンスイセン | 043 |
| ニワウメ | 143 |
| ニワザクラ | 143 |
| ニワナナカマド | 164 |

**ネ**

| | |
|---|---|
| ネジキ | 137 |
| ネズミモチ | 033 |
| ネムノキ | 166 |

**ノ**

| | |
|---|---|
| ノシバ | 015,125,199 |
| ノリウツギ | 189 |

**ハ**

| | |
|---|---|
| バイカウツギ | 111,127,155,163,179,195 |
| パイナップルミント | 039 |
| ハイビャクシン | 107 |
| ハクウンボク | 116 |
| ハクモクレン | 140 |
| ハスノハギリ | 108 |
| バッコヤナギ | 150 |
| ハツユキカズラ | 143 |
| ハナカイドウ | 168 |
| ハナズオウ | 170 |
| ハナニラ | 077,171 |
| ハナミズキ | 148,172,188 |
| ハナモモ | 174 |
| ハマグルマ | 107 |
| ハマヒサカキ | 019,037,043,050,059,061,063,067,089,093,101,159,167 |
| ハラン | 049,095,131 |
| ハルニレ | 100 |
| ハンノキ | 176 |

**ヒ**

| | |
|---|---|
| ヒイラギ | 051,070 |
| ヒイラギナンテン | 017,071,167 |
| ヒイラギモクセイ | 071 |
| ヒカゲツツジ | 117,157,181 |
| ヒガンバナ | 083 |
| ヒサカキ | 027,033,050,065,085,087,167 |
| ヒトツバタゴ | 178 |
| ヒノキ | 016,030 |
| ヒペリカムカリシナム | 139 |
| ヒペリカムヒデコート | 105 |
| ヒメウツギ | 113,117,127,147,163,169,191 |
| ヒメクチナシ | 017,113,117,169 |
| ヒメコウライシバ | 015,019,021,023,029,035,125 |
| ヒメシャラ | 162,180 |
| ヒメタイサンボク | 076 |
| ヒメツルソバ | 075 |
| ヒメユズリハ | 094 |
| ヒュウガミズキ | 123,153,161,173,187 |

| | |
|---|---|
| ビヨウヤナギ | 079,149,151,161,193 |
| ピラカンサ | 029 |
| ヒラドツツジ | 045 |
| ヒラドツツジ'アケボノ' | 143 |
| ヒロツリバナ | 184 |
| ヒロハカツラ | 126 |
| ビワ | 072 |
| ピンオーク | 124 |

**フ**

| | |
|---|---|
| フイリアオキ | 041 |
| フイリヒイラギ | 070 |
| フイリヤブラン | 063,071,101,105,139,145,173 |
| フウチソウ | 105 |
| フジモドキ | 143 |
| フッキソウ | 023,059,071,089 |
| ブッドレア | 057,111,171 |
| ブナ | 182 |
| フヨウ | 101,107,145 |
| ブルーベリー | 073,119 |

**ヘ**

| | |
|---|---|
| ヘデラヘリックス | 019,059,093,097 |
| ベニカナメモチ | 074 |
| ベニシダ | 121 |
| ベニバナアセビ | 143 |
| ベニバナシャリンバイ | 159 |
| ベニバナトキワマンサク | 075,083,169,186,187 |
| ベニバナトチノキ | 160 |
| ヘビイチゴ | 073 |
| ペレニアルライグラス | 183 |

**ホ**

| | |
|---|---|
| ホウキグサ | 131 |
| ホウキモモ | 174 |
| ホザキシモツケ | 113,175,195 |
| ホソバタイサンボク | 076 |
| ホソバタブ | 066 |
| ホソバヒイラギナンテン | 071 |
| ホテイチク | 197 |
| ホトトギス | 087 |
| ホルトノキ | 078 |
| ホンシャクナゲ | 157 |

**マ**

| | |
|---|---|
| マイクジャク | 120 |
| マキバブラッシノキ | 067 |
| マダケ | 197 |
| マツバギク | 107 |
| マテバシイ | 080 |
| マメザクラ | 142 |
| マメツゲ | 021,031,035 |
| マユミ | 184 |
| マルバウツギ | 189 |
| マルバグミ | 061,069,073 |

| | |
|---|---|
| マルバシャリンバイ | 153 |
| マルバチャノキ | 178 |
| マルバノキ | 153 |
| マルメロ | 128 |
| マンサク | 186 |
| マンリョウ | 041,051 |

**ミ**

| | |
|---|---|
| ミズキ | 188 |
| ミスキャンタス | 101 |
| ミズナラ | 124,136 |
| ミズヒキ | 087 |
| ミソハギ | 177 |
| ミツバツツジ | 103,155,165 |
| ミヤギノハギ | 129,139,153,165 |

**ム**

| | |
|---|---|
| ムクゲ | 101,135 |
| ムクゲ'ヒノマル' | 065 |
| ムクノキ | 134 |
| ムサシノケヤキ | 134 |
| ムシカリ | 190 |
| ムラサキシキブ | 085,099,133,135,137,147 |
| ムラサキブナ | 183 |
| ムレスズメ | 179 |

**メ**

| | |
|---|---|
| メギ | 161 |

**モ**

| | |
|---|---|
| モウソウチク | 196 |
| モチノキ | 046,082 |
| モッコク | 084 |
| モモ | 092,174 |

**ヤ**

| | |
|---|---|
| 八重クチナシ | 025 |
| ヤシャブシ | 176 |
| ヤツデ | 055 |
| ヤハズハンノキ | 176 |
| ヤブコウジ | 041,047,051,063,163,181 |
| ヤブツバキ | 067,086,089 |
| ヤブデマリ | 103,190 |
| ヤブデマリ'ピンクビューティ' | 190 |
| ヤブニッケイ | 088 |
| ヤブラン | 065,091,117,127,147,161,199 |
| ヤマアジサイ | 181,189,191 |
| ヤマガキ | 122 |
| ヤマグルマ | 090 |
| ヤマツツジ | 091,099,103,121,133,137,155,157,165 |
| ヤマナシ | 102 |
| ヤマハギ | 151,155 |
| ヤマビワ | 090 |
| ヤマブキ | 087,103,181,191 |
| ヤマボウシ | 172,192 |
| ヤマモモ | 092 |
| ヤマユリ | 043 |

## ユ

| | |
|---|---|
| ユキツバキ | 087 |
| ユキノシタ | 193 |
| ユキヤナギ | 057, 141, 151, 165, 173, 179 |
| ユズ | 068, 095 |
| ユスラウメ | 069, 093, 109, 119, 185 |
| ユズリハ | 094 |

## ヨ

| | |
|---|---|
| ヨーロッパシラカバ | 183 |

## ラ

| | |
|---|---|
| ラミューム | 055 |

## リ

| | |
|---|---|
| リキュウバイ | 105 |
| リシマキア | 149 |
| リュウキュウマメガキ | 122 |
| リュウノヒゲ | 121 |
| リョウブ | 194 |

## レ

| | |
|---|---|
| レイランドヒノキ | 097 |
| レッドロビン | 074 |

## ロ

| | |
|---|---|
| ロウバイ | 043, 115, 149 |
| ローズマリー | 039 |
| ロドレイア | 135 |

## ワ

| | |
|---|---|
| ワイヤープランツ | 153 |
| ワイルドストロベリー | 073 |
| ワシントンヤシモドキ | 198 |
| ワビスケツバキ | 031, 086 |

## ［参考文献］

1──────『タケ類──特性・鑑賞と栽培』
著者:室井綽/加島書店

2──────『樹木アートブック』
総監修:林弥栄、小形 研/アボック社

3──────『原色樹木大図鑑』
監修:林弥栄、古里和夫、中村恒雄/北隆館

4──────『大人の園芸 庭木 花木 果樹』
監修:濱野周泰/小学館

5──────『山渓ハンディ図鑑3 樹に咲く花 離弁花①』
監修:高橋秀男、勝山輝男/山と渓谷社

6──────『山渓ハンディ図鑑4 樹に咲く花 離弁花②』
監修:高橋秀男、勝山輝男/山と渓谷社

7──────『山渓ハンディ図鑑5 樹に咲く花 合弁花・単子葉・裸子植物』
監修:高橋秀男、勝山輝男/山と渓谷社

8──────『日本帰化植物写真図鑑』
編著:清水矩広、森田弘彦、廣田伸七/全国農村教育協会

9──────『庭木と緑化樹1 針葉樹・常緑高木』
著者:飯島亮、安蒜俊比古/誠文堂新光社

10──────『庭木と緑化樹2 落葉高木・低木類』
著者:飯島亮、安蒜俊比古/誠文堂新光社

11──────『牧野新日本植物図鑑』
編著:牧野富太郎/北隆館

12──────『新樹種ガイドブック』
編集:社団法人日本植木協会/財団法人 建設物価調査会

13──────『FLORA フローラ』
著者:トニー・ロード 他/索引用語監修:大槻真一郎/和訳責任:井口智子/産業出版

14──────『葉でわかる樹木 625種の検索』
著者:馬場多久男/信濃毎日新聞社

15──────『植物分類表』
編著:大場秀章/アボック社

## ［写真協力］

**50音順・敬称略**

新井孝次朗/石井英美/大橋尚美/尾上信行/久保田真美子/小林明/
支倉千賀子/高岡よし子/高橋敦/田中真貴/時松克史/中田修/半田真理子/広瀬誠

## ［写真撮影］

**50音順・敬称略**

新井孝次朗/石井英美/岩男弘美/大橋尚美/小林明/支倉千賀子/清水稚奏子/
鈴木雅/高橋敦/時松克史/中田修/蓮池ゆう子/針谷未花/半田真理子/
ホンスーティン/Timothy Mclean

## ［樹木の価格・移植時期取材協力］

新井孝次朗

[著者プロフィール]

山﨑誠子

植栽家、ランドスケープデザイナー、一級建築士、GAヤマザキ取締役。
日本大学短期大学部建築・生活デザイン科准教授。
手軽に楽しめる住宅のガーデニングの提案から、
造園・都市計画に至るまで幅広く活躍。
著書に『世界で一番やさしい住宅植栽』［弊社刊］、
『新・緑のデザイン図鑑』［共著・弊社刊］、
『花のコンテナ〜コツのコツ』［監修・小学館］、
『大人の園芸』［共著・小学館］

樹木別に配植プランがわかる

# 植栽大図鑑［改訂版］

---

2019年6月7日 初版第1刷発行
2025年4月30日　　第4刷発行

著者：
山﨑誠子

発行者：
三輪浩之

発行所：
株式会社エクスナレッジ
〒106-0032 東京都港区六本木7-2-26
https://www.xknowledge.co.jp/

編集：
Tel: 03-3403-1381 / Fax: 03-3403-1345
info@xknowledge.co.jp

販売：
Tel: 03-3403-1321 / Fax: 03-3403-1829

無断転載の禁止：
本掲載記事（本文、図表、イラスト等）を当社および著作権者の承諾なしに
無断で転載（翻訳、複写、データベースへの入力、インターネットでの掲載等）することを禁じます。